ANCHORITY™
储币税原理
美元霸权的绝唱

马国书 ◎ 著

重庆出版社

图书在版编目（CIP）数据

储币税原理：美元霸权的绝唱 / 马国书著.
重庆：重庆出版社，2025. 6. -- ISBN 978-7-229-20171-5
Ⅰ. F827.12
中国国家版本馆CIP数据核字第20253L0D48号

储币税原理：美元霸权的绝唱
CHUBISHUI YUANLI: MEIYUAN BAQUAN DE JUECHANG

马国书　著

责任编辑：秦　琥　张立武
责任校对：刘　刚
书籍设计：人马艺术设计·储　平
正文排版：重庆诚迈文化传媒有限责任公司

重庆出版社 出版
重庆市南岸区南滨路162号1幢　邮政编码：400061　http://www.cqph.com
北京毅峰迅捷印刷有限公司印刷
重庆出版社有限责任公司发行
全国新华书店经销

开本：720mm×1000mm　1/16　印张：18.5　字数：256千
2025年6月第1版　2025年6月第1次印刷
ISBN 978-7-229-20171-5
定价：88.00元

如有印装质量问题，请向重庆出版社有限责任公司调换：023-61520678

版权所有　侵权必究

自　序

人类正面临新巨变。在当今时代的最前沿，美元霸权正四面楚歌，遭遇着史无前例的新挑战。不经意之间，美元霸权已经暴露出它最不愿意被世界知晓的阿喀琉斯之踵。鉴于美元霸权浓缩着迄今为止人类历史上最庞大的财富积累和最复杂的国际关系，尤其涵盖了自二战以降人类在制度创新、秩序构建等方面的迭代成果，如何客观对待美元霸权，取其精华、弃其糟粕，将其从零和轨道上转型至可以有效确保人类共赢繁荣的新赛道，仍是全球面临的集体挑战。

面对美元霸权摇摇欲坠的倒计时绝境，罗伯特·特里芬（Robert Triffin）、沃伦·巴菲特（Warren E. Buffett）和斯蒂芬·米兰（Stephen Miran）等美国精英一路斗志昂扬，只可惜既不整体反思和自我纠偏，更不准备认输。相反，仅凭一套魔幻般的假言关税与美元升值对冲，米兰就想解救美元霸权，并借机重构一个能让美元霸权经由汇率体制持续盘剥他国货币购买力的全球新型贸易体制：一个令其朝思暮想、跃跃欲试、结局足以令美国彻底摆脱美元霸权危机的新未来。但美梦毕竟只是美梦。

世界正面临着美元根基已经无处遁形且美债会先行崩塌的危局，同时面临着强大守墓人执拗于旧辉煌、无法醒来的愚钝坚守，但超级挑战已经无法回避。这是一场必须面对的因美元根基不稳、美元财富捍卫者视死如归、追梦者故情依旧所带来的三位一体挑战。怎奈，与暮年且劣币化的美元霸权打交道，遵循稳、准、狠的猎人之道已别无选择。

历史表明，世界无法回避的残酷现实是：正如美国尼克松时代的财长康纳利曾经说过的那样，"美元是我们的货币，却是你们的麻烦"。这种冷酷政治迫使美国集团之外的全体人类不得不在美元霸权危机正给世界带来更大危机和更大灾难之际，积极作好强大的制衡准备，力争以更先进且有效的国际货币新原理和新体制决胜于千里之巅。

美国欲借失效美元再次胁迫世界的时代已经一去不复返了。还想重蹈1971年8月15日布雷顿森林协定解体时美国违约却不承担任何既定责任的覆辙，将原本可兑换黄金的可信美元以失信和失效的劣币美元方式丢弃给成员国、借机贬值逃责、不予理睬，已经不再可能了。

如果美债故伎重演，美国将再次失信于天下，任其国家信用大江东去浪淘尽。如果还想借机实施米兰的全球重构梦想，不得不说或许正是米兰的阳谋之所在。难度是，只有将币值高估的美元打到洼谷惨境，米兰重构才有可能寻机契入到当前运行正常的国际经济体制之中。

为此，本书提供了一种全新的视角，一种有可能一览众山小的理论新视角，来整体透视美元霸权的庐山真面目和米兰重构。这便是"储币税原理"的新发现，以及"国际储币学原理"的系统化揭示和构建。

"储币税"作为经济学和货币学中最新的概念，既不同于传统意义上的铸币税，也不同于巴菲特和米兰所主张使用的特种进口关税，当然更加不同于传统的国内税制。相反，储币税原理能够生效的前提条件必须依赖于国家主权货币在正常发挥国家货币职能时，同时兼顾充当国际贸易的结算货币职能和国际开放经济体项下的储备货币职能时才会发生的一种货币学原理。[1]

无论巴菲特在其2003年的双岛论文章中所建议使用的进口关税（Tariffs）概念，还是米兰在《重构全球贸易体制：使用者手册》中所使用的定制化关税（Tariffs）概念，其本质都系"储币税"的雏形和设想，并非传统意义上的进口关税。两位意在调控顺逆差再平衡的主张，其背后的原理都是储币税原理，而非普通进口关税原理。

事实上，只要能将储币税原理彻底阐述清楚，米兰的全球重构计划便可一览无余。无论借文字已经表达的和尚未表达的或故意隐藏的内容,米兰的意图都将无处遁形,无法不大白于天下。

一言以蔽之,储币税原理所揭示的是一种国际体制,一种依附于单一国家主权货币兼顾国际储币、同时服务于两大经济体的国际经济新体制。这是一种有别于当前联合国主权体制的新型国际关系,是一种其他国家需要向储币国朝贡储币税的国际关系新体制。[2]

无论如何,从客观意义上讲,这是一种可以独立存在的新型国际经济体制,它可以不依赖于美国和美元的存在而独立存在。故,本书极力揭示的事实就是,米兰重构计划是自成体系且具备自身合理性的,尤其作为一种新型国际经济体系,它是可以独立运行的。这便是米兰如此自信的深层次根源之所在。奈何,极有可能,米兰并没搞懂它。

当然,本书著者也是边著述、边思考、边发现的。事实上,直到接近著述的结尾时,著者才恍然大悟,原来所有的国际货币型贸易体系,其实都潜藏着不同的储币学原理和平衡原理在其中,也都潜藏着各自体系所对应的"体系税制"在其中。

如此一来,我们就发现了,自重商主义以降,至少有五种不同的国际货币型贸易体系曾经存在过,现在也存在着,未来还会存在:

1.国际实物锚代币型贸易体系（重商主义及国际收支平衡体系）；

2.国际美元-黄金可兑换型贸易体系（布雷顿森林体系）；

3.国际美元锚储币型贸易体系（当代美元锚储备货币体系）；

4.国际互换锚储币型贸易体系（正在兴起中的货币互换体系）；

5.国际统一锚储币型贸易体系（全球未来型统一锚货币体系）。

上述发现一经呈现，整部人类近代史的全过程居然瞬间跃然纸上，在广义货币的新视角下，美元霸权的终局已经清晰可见。

换言之，每个体系都存在有顺差、逆差及平衡三种不同的状态，但只要实施相应的"体系税"管控，就可以确保体系平衡的有效治理。

对此，无论特里芬，还是巴菲特或米兰都不曾或不可能预见到。无疑，这是关于国际货币型贸易体系认知的重大理论突破。

假定如此，我们便可以给出上述五大国际货币型贸易体系所对应的平衡原理和体系税原理[3]：

A.国际实物锚储币体系：对应锚本税，潜藏解体根源；

B.国际兑换锚储币体系：对应布顿税，潜藏解体根源；

C.国际主权锚储币体系：对应储币税，潜藏解体根源；

D.国际互换锚储币体系：对应结余税，潜藏解体根源；

E.国际统一锚储币体系：对应独币税，解体根源为零。

其中，A) 代表自重商主义退出之后所兴起的金本位制所对应的国际贸易体系和国际收支平衡体系。该贸易体系所对应的国际储币体系便是以黄金本位制为实物锚的"国际实物锚储币体系"。其所对应的国际收支平衡实质上只能是"国际实物锚收支平衡"[4]。

迄今为止，西方经济学从未说明白，国际收支平衡到底在平衡什么的问题。或者说，存在普适性的"国际收支平衡原理"吗？

除了早年休谟的自动平衡调节分析之外，关于"国际收支平衡"的使用，始终既随便又含混不清，根本找不出有效的学术基础。

此外，B) 代表着布雷顿森林协定体系。显然，该贸易体系所对应的国际储币体系便是以黄金本位制为可兑换锚的"国际兑换锚储币体系"[5]。只是，它所对应的"平衡原理和平衡体系"又分别是什么呢？亦或，布雷顿森林协定体系是可维系的吗？

换言之，在布雷顿森林协定体系项下存在"国际收支平衡原理"或与之前相类似的"国际收支平衡体制"吗？

只能说，好像存在有，否则，成立国际货币基金组织时的目的及其章程不就成笑话了吗？

可是，如果存在"平衡"要求的话，那么它又在平衡什么呢？

显然，这个问题既没被重视，也没被搞懂。否则，布雷顿森林协定体系怎么会遭解体呢？其解体的根源真的是因为"特里芬困境"吗？

无论如何，搞懂这个问题，就可以设计出能够确保布雷顿森林体系不必遭遇解体的制度原理和制度安排了[6]。

第三，C）则代表着1971年8月15日之后，美元成为事实上的国际贸易体系的主导型货币。该贸易体系对应的国际储币体系便是以不可兑换任何实物锚或实物本位制的美元所对应的"国际主权锚储币体系"[7]。那它对应的的"平衡原理"和"平衡体系"又是什么呢？

亦或，今日"美元主导的国际贸易体系"是可维系或可持续的吗？

换言之，在美元主导的国际贸易体系项下存在着"国际收支平衡"或类似的"国际平衡原理"吗？怎奈，"国际收支平衡"虽已名存实亡，但追求体系平衡的要求和相应平衡原理是否仍存在等问题依然未解。即，如果存在"平衡"要求的话，那么美元锚体系到底在平衡什么呢？

毋庸置疑，这类问题自始至终未能获得重视，毕竟始终未搞懂；否则，当今美元所主导的国际体系怎么会遭遇如此危局的重压呢？

此外，以巴菲特和米兰为代表的美国精英，在试图维系美元体制的有效性时，其背后存在着原理意义上的支撑吗？本书将予以揭晓。

第四，D）代表着当前流行的，即在美元所主导的国际贸易体系之外所推进的货币互换型国际贸易和国际经济新体制。该贸易体系所对应的国际储币体系便是以互换主权货币为机制的"国际互换锚储币体系"[8]。那么，它所对应的的"平衡原理"和"平衡体系"又是什么呢？

亦或，"互换主权货币的国际贸易体系"是可维系或可持续的吗？

换言之，在互换主权货币所主导的国际贸易体系项下存在"国际收支平衡"或类似的"国际平衡原理"吗？

道理相通，为了有效维系货币互换型国际贸易和国际经济体制的可持续运行，该互换体系究竟平衡什么才是可以使之有效运行的呢？为此，本书也给出了必要的应对方略和破解之道。

第五，E）代表着最优的国际储币体系，即"全球N+1统一锚货币体系"。这是包括特里芬、巴菲特和米兰等均始料未及的，是能够有效破解上述四种国际货币体系双困境的零困境体系。该贸易体系所对应的国际储币体系便是"国际统一锚储币体系"[9]。

为此,它对应的"平衡原理"和"平衡体系"又是什么呢?

亦或,"全球N+1统一锚货币体系"下的国际贸易体系是可维系和可持续的吗?为此,本书中类似问题均已获得破解和构建完毕。

一言以蔽之,不同的国际储币体系对应着不同的平衡原理。相比之下,世界上根本不存在着唯一不变的"国际收支平衡原理":

F. 国际实物锚储币体系:对应"国际实物锚收支平衡原理";
G. 国际兑换锚储币体系:对应"国际本位制再平衡原理";
H. 国际主权锚储币体系:对应"全球双经济体平衡原理";
I. 国际互换锚储币体系:对应"国际互换平衡原理";
J. 国际统一锚储币体系:对应"全球双增长均衡原理"。

给定广义货币经济学原理,本书的结论是:所有国际储币体系都是可分析和可构建,也是可维护和可治理的。各自的困境条件一旦爆发,整个体系就只能陷入危机或解体之中,随后再行演绎和重构。

不仅54年前已遭解体的布雷顿森林协定体系的历史已验证如此,即使正在遭遇困境和挑战中的美元根基体系也容易证明如此。事实上，借助历史上最先实施国际收支平衡的国际贸易体系也容易验证如此。

总之，包括当今时代正在兴起的国际货币互换体制所主导的国际贸易和国际经济，都构成了各自独立的国际储币体系。

当然，即使上述四大类型国际储币体系都可以有效维系，但只要潜藏了核心困境和解体条件在其中，一旦遭遇触发，就仍然都是不可持续的。直到国际统一锚储币体系的发现和有效建构在理论上呈现。因为，该体系从理论上被证明是具有可持续性基础的零困境体系。

今日的美元霸权，从经济学和货币学的视角上看，已经输在起跑线上了，输在了关于国际储币体系和国际储币平衡原理的认知领域。这令美国始料未及且难以接受但又不得不去面对的现实。毕竟，原理不是强权，更不是可以被权力政治所强暴和征服的。只要世界明白了五大国际体系所依赖的平衡原理和解体条件，市场的力量必定无敌。

人类历史由货币主宰。无论认同与否，愿意与否，一场继5000年积累和持续迭代之后，深度叠加了布雷顿森林协定体系解体所引爆的货币超级扩张效应后的再次巨变，即将登场。

这场巨变不仅是关于国际平衡体制的原理性巨变，更是关于货币根基的巨变，是将人类的当代货币事业从债务型货币的错误轨道上，借助广义货币理论创新，重返有锚轨道上的货币学巨变。自1844年英式央行独立以降，FRS困境形影相随，至今已经演变为"货币锚黑洞"超级困境。货币原理的巨变是远比国际体系巨变更加基础的巨变。

距1971年8月15日布雷顿森林体系解体已经过去整整54年了。在这54年的辉煌演进中，世界各国一直奋斗在债务型货币的禁锢中。这种以国债为根基的主权货币体系，行将伴随美元霸权之绝对困境的到来，而面临一场需要彻底但实属不期而遇的超级新巨变。

无论如何，美元霸权的债务根基革命将是一场远比国际平衡体制巨变更大的、与世界各国命运生死与共、紧密相连的债务根基革命，不会有任何国家可以独善其身。

换言之，一旦离开债务型货币，一旦回归到货币的历史起源原理，和每时每刻都在发生着的货币增量创造，债务型货币的皇帝新装就将无处遁行。巴菲特和米兰等也将从各自的新梦想中彻底醒来。

人类正在从美元霸权深陷债务型货币根基的泥潭中，经由向有锚型货币根基的新体系转型和巨变，迈向全球共赢繁荣的新未来。

世界需要重构货币的根基体系。这是历史的不二选择。

序　言

美元的丧钟与货币的救赎

乔　良

美元是当今世界一切问题——不止是经济问题——的"原罪"。

自第二次世界大战结束以来，这个世界上发生的一切问题乃至危机，追根溯源，无不与美元有关。

不过，这只是镜子的一面。另一面，不容否认，在大半个世纪里，通过美元全球化推动全球经济繁荣的，也是美元。尽管，这并非布雷顿森林体系的设计者及他们的继任者——该体系的摧毁者们的本意——他们的本意是美国利益至上与资本利润的最大化。但客观上说，20世纪整个世界的巨大经济进步，在很大程度上得益于美国人的无心插柳：布雷顿森林体系从建立到解体，使全球货币体系不知不觉间解脱了实物（黄金）的锚定，也使几千年里，困扰人类经济生活的枷锁——货币（贵金属）不足，一下子便迎刃而解了。

自1971年8月15日，时任美国总统尼克松迫于"特里芬悖论"之困，宣布美元与黄金脱钩，作为全球货币之锚的美元率先进入"纯粹"纸币时代，也由此打开了货币—资本洪流东奔西突，四处寻找"洼地"的时代。

货币—资金不足的历史结束了。随之而来的，是资本的过山车，裹挟着此起彼伏的繁荣与萧条，通胀与通缩，过剩与匮乏，富裕与贫困，从人类的原野上呼啸而过。直到这列过山车的车头——全球经济的引擎——在2008年终于脱轨……

成也萧何，败也萧何。不过80年时间，闪耀着黄金光芒的美元，就完成了它从众人趋之若鹜的良币，到让人又爱又恨的劣币的转型。

这中间究竟发生了什么？是哪个环节出了问题，还是它从根子上原本就有问题？

怀疑者一直有之，从凯恩斯、特里芬到弗里德曼，全都隐约感觉到过什么地方不对劲，但可惜，没有一个美元的批评者和辩护者，能说清楚美元的问题，甚至根本就没人看清楚过。

时代之车却不会停下来等我们。它会一刻不停地前行。但没有路标没有路灯的行进是盲目的，其风险不言而喻。

所幸，西方不亮东方亮。当斯蒂芬·米兰苦心孤诣，为辅佐二进宫的特朗普，用他的《重构全球贸易体制：使用者手册》，诱导特朗普用关税战——海湖庄园协议——稳定币等一连串杀招，搅得整个世界晕头转向之际，一位叫马国书的中国学者，推出了他的新金融学理论专著《储币税原理》，仅从书名，即可想见作者的雄心。

以我有限的金融学视野，在翻来覆去地啃读过他晦涩的文字和满纸的公式、模型之后，我相信它将是金融学领域的一部石破天惊之作。

尽管我这个有文字洁癖且喜欢刨根究底、咬文嚼字的人，对他的一些反复重现的句式不以为然；也对属于他自己的一些习惯性陈述不习惯，更对他有时未把一个问题讲透，就讳莫如深地抛出自己的结论和判断，有点小小的不过瘾，但归根到底，一句话：瑕不掩瑜。这是一块新金融理论的"和氏璧"。

可以说，它是迄今为止，自美元降生以来，对其最入骨入魂的解剖，推理严谨，逻辑严密，从原理上越过金融学直逼哲学。

本书开宗明义告诉我们，当今西方全部金融学理论无法医断美元症结所在的根源是："货币中性"理论。在他看来，"货币中性"理论解释不了更解决不了美元面临的"广义特里芬难题"。如要解决，只能承认货币的"非中性"原理。

本书也告诉我们，货币关系的演变，势必导致国际关系的改变；从金融学角度看，人类历史并不长于货币史——我想，正是基于这种新历史观，美国人，从尼克松到特朗普，无一位总统肯放弃美元霸权。

本书还告诉我们，1971年8月15日，美元与黄金脱钩之后，美元新锚并非石油，而是美国的国债。但此国债非彼国债。此国债不是1913年美联储成立之初，为与美国财政部互相制约，形成的财政部发债、美联储发钞的金融制度模式。我理解，这是美国与全世界共同上演的一场"黄世仁与杨白劳"式的角色互换，债务人压倒债权人的"周瑜打黄盖"。

它还告诉我们，特朗普跟全世界包括中国开打的，并不是传统意义上的关税战，他想要的那10%，也不是在交易品价格之上的那一点点蝇头小利式的关税加征，而是所有顺差国贸易盈余的回扣，也就是本书所新提出的"储币税"。说白了，就是顺差税。而这是人类税收史上从未有过的税种。说得更诛心一些，这不是税，这是朝贡，这是逼迫所有国家对美国纳贡。而一旦此税得逞，美国就会完成金融帝国向金融朝贡帝国的续命——华丽转身，稳居"山巅之城"。

……

但马国书的这本书告诉我们的，还远不止这些。他更以一个接一个的公式和模型，向我们演示了美元从根部到树梢的生发全过程。他令人信服地用这些工具揭示了传统的货币中性理论，为什么无法解释美元现象——从良币蜕化为劣币的深层动因。

本书更指出，美元的困境是与生俱来的：一仆二主，既要为美国的金融利益服务，又要为全球经济提供流动性；既要推动全球化，又要收割全球化。甚至可以说推动全球化的目的，就是为了收割全球的韭菜——这一被沃伦·巴菲特描述为"双岛模型"的困局，是比"特里芬难题"更深的美元悖论。这一悖论一旦被世人识破，美元就会不可避免地在其天生的困境中越陷越深。而这，不是仅凭特朗普的霸气和米兰的雄心就可以解决的，也不是靠打着"贸易平衡"的幌子、伪装成关税战的"顺差税"（马国书名之为"储币税"）、用关税战胁迫各国把手中的美债改换成百年无息长债的"海湖庄园协议"、与美债1∶1挂钩的"稳定币"这些阴招就可以解决的。

因为"今日美元霸权的困境主要体现为它需要服务两大经济体失衡带来的。当美元服务的国家经济体之总和增长率大于美元服务的国内经济体之总和增长率时，巴菲特困境就会呈现和加速。当下美元霸权现实是：美国的净资产已经小于国际美元的净资产，即美国的所有权净资产已经为负为零。这意味着，美国不再拥有美国了"。

马国书如是说。

那么，一个濒临破产的美国，该如何与世界相处？我们看到被美元黑洞拖向深渊的美国，还在作困兽犹斗式的挣扎。明明是自己患癌，却对别人动手术——这就是霸权成瘾的美国。战争——亲自下场或代理人战争——硝烟和火药味已经开始向更多的地区弥散。俄罗斯与乌克兰战火未熄，以色列与伊朗战端又起（这背后都晃动着美国的身影），这是人类解决难题的一种常见方式。

　　其实，或许还有更好的方式，即马国书在书中提出的"国际N+1统一锚储币体系"。它的前提是，美国率先放弃已经是有害无益的"国际主权锚储币体系"（即美元霸权体系）以及与其挂钩的"国际互换锚储币体系"（即各国的主权货币），从而从根上解除国际贸易不稳定性根源和困境，共同走上"全球双增长均衡型国际贸易体系"之路。这是美元的丧钟，也是人类未来新货币救赎的晨钟。不过，理想丰满，现实骨感，这肯定也是一条比战争更难走的美好之路，可万一实现了呢！那将是人类之大幸。

　　是为序。

序　言

卢周来

马国书先生邀我为其新著《储币税原理：美元霸权的绝唱》写篇序言。接到书稿后，一度让我十分为难。因为仅书名中那个关键词"储币税"，就是马先生独创的，在任何一本教科书中都没有。

然而，通读完全书之后，才知道作者书中所研究的课题与事实是当下经济与金融者正在关注的大事，包括美国、中国等大国在内全球都必须应对的大事。为此，我先试着用我的语言概要介绍此书的逻辑。

从特朗普现政府现任经济顾问委员会（CEA）主席斯蒂芬·米兰的关税理论与民间流传的所谓"海湖庄园协定"说起吧。

特朗普第二个任期刚开始之际，对全球发起了无差别的关税战。当时华尔街流传着一个说法：特朗普政府将以此为工具，压各国签订一个协议，这份协议被认为是"21世纪的广场协议"，后因其政策制定场景又被称为"海湖庄园协定"。

这份所谓"海湖庄园协定"的框架内容就是斯蒂芬·米兰在其2024年11月推出的《重构全球贸易体制：使用者手册》（下称《手册》）所提出的核心主张。而作者此著，立论基础就主要是针对这份《手册》的。

米兰在《手册》中首先阐释了美元作为全球储备货币所面临的"新型特里芬困境"：美国既要通过贸易逆差输出美元满足全球流动性需求，又需承受美元高估对制造业的持续损害。这正好与布雷顿森林协定时期美元面临的"特里芬困境"非常类似。当时，因为美元与黄金挂钩，又是全球唯一的储备货币，一方面，美国需通过贸易逆差向全球输出美元以满足国际流动性的需求；另一方面，长期逆差导致美元超发，削弱其兑换黄金的信用基础，或者反过来说，美国没有那么多黄金储备维持全球的可兑现需求，最终引发市场对美元价值的信任危机。

化解"特里芬困境"的办法便是1971年海牙会议上布雷顿森林体系的最终解体，即实现美元与黄金脱钩，或者按照作者在书里的说法，是把原本各国可兑换的黄金归零（非货币化了）。由此，不仅化解了美元的困境，而且实质上使美元成为全球唯一储备货币——此前还有黄金作为美元的实物储备币，也为随后半个多世纪的美元霸权奠定了基础。

那么，如何化解当下美元面临的"新型特里芬困境"呢？

米兰在《手册》中创造性地提出，关税政策应突破传统比较优势理论的束缚，美国必须通过征收高关税实现三重目标：一是刺激制造业回流。落实"美国优先"产业政策。二是增加财政收入。年预估增收2000亿美元。初期可用来补贴以抵消由于高关税可能导致的美国国内消费品涨价。三是构建贸易伙伴间的成本转移通道。即通过汇率贬值实现利益再分配。

《手册》接着提出了"关税-美元-利率"政策三角框架。一是实现美元有序贬值。目标汇率指数下降15%~20%。二是延长美债期限结构，创新性提出"百年期美债置换计划"，要求各国将短期美债置换为超长期限债券。三是重塑国际贸易结算体系。差异化对待接受美国所提出条件的盟友与不接受的竞争者。

如果要用最简洁但并非精确的语言来理解《手册》的话，那么，米兰化解美元逆差导致美债危机的思路就是：让各国储备的美元资产包括美债大幅贬值！而这一点，正好与当年化解传统"特里芬困境"的办法——让各国本可以从美国兑现的黄金归零——如出一辙！

这就是米兰《手册》以及传说中的所谓"海湖庄园协定"的核心要义！

讲到这里了，还没涉及本书中作者所说的"储币税"。这就涉及《手册》将如何落实的问题。

当年在海牙会议上，为解决传统"特里芬困境"，实现美元与黄金脱钩，使得美元成为全球唯一储备货币以及唯一锚定物，有个历史性的前提条件：美国当时正值霸权巅峰，在二战后奠定的国际秩序尤其在盟友中，享有"说一不二"的统领地位！因为，在冷战背景下，西欧各国包括新兴工业化国家，都依赖于美国军事霸权提供的红利。所以，即使让本来可从美国兑现到黄金的美元之储币归零，这些国家也不敢说"不"。当然也还有其精心算计：维护美国霸权及美元霸权提供的红利，足可慢慢抵消其即时损失。对此，我们姑且把各国为配合美国与美元导致的即时损失视同给美国上缴了一笔"安全保障税"吧。

现在，为解决"新型特里芬困境"，也需要各国予以配合。特别需要各国配合美元贬值和美债结构性调整。为此，米兰在《手册》里发出明确威胁：各国必须配合，否则将面临更高关税惩罚和安全同盟的降级。《手册》更是提出，接受美元贬值及用长债置换短债，其实相当于对获得美国巨额贸易顺差及巨额国债利息的国家以及接受美国军事保护的国家，收取美元外汇储备1%-2%的"货币使用费"。为此，马先生称之为"储币税"，即美国强制向各国收取"美元使用税"作为"储备货币税"。或者反过来说，是各国为配合化解"新型特里芬困境"而向美国贡献出的税赋。

又因为米兰在《手册》中是以"高关税"为基本工具，所以，马先生在书中认为《手册》中的"Tariffs"（关税）一词，其实质就是"储币税",并不是简单的国与国之间的贸易关税。

马先生在书中还通过追溯金融理论史认为,巴菲特在2003年的一篇文章中,最早提出了"新型特里芬困境",并提出了初步的解决方案设想。尽管巴菲特的论证不系统,表述也只是业余级,但毕竟远远早于米兰的《手册》。所以,马先生在书中又将"Tariffs"称作"巴米税"(巴菲特-米兰税),其实也与其书中的"储币税"概念相同。其中,储币税是向各国直接征收的,而"巴米税"则只能通过普通关税和汇率联动才能生效。两者虽然殊路同归,但税制效果和效率明显不同。

那么,"储币税"与美元霸权的绝唱之间又是什么关系呢?

按我读完全书的理解,这是因为,米兰的"储币税"设想,仍然建立在金融威慑工具及地缘政治操作之上,目标也仍然是维护美元霸权地位,使美国继续长期享有美元作为全球唯一储备货币可任意收取"铸币税"的好处。但当下的世界正往多极化发展,尤其是中国的崛起及人民币的崛起,早就不再是当年"海牙协定"时美国与美元一霸独大的时代了;因此,各国是不会再配合美国主动上交"储币税"的。比如,欧盟和日本就已经明确拒绝了将短期债务置换成长期债务的方案,所以,米兰在《手册》中的"储币税"这一天才设想,最终不仅无法得到落实,相反将因其没有实力支撑的色厉内荏的霸道,成为美元霸权的绝唱。

当然,关于美元霸权的绝唱,马国书先生主要是通过FRS困境和NRS困境，最终归结为"货币黑洞"来加以分析的。因为，1971年之后，美元所对应的储备机制已经潜移默化转变为了"美债锚机制"。所以，是一种不可持续的绝对困境。

考虑到全球经济目前都因美元遭受的"新型特里芬困境"而失衡，马先生在书里提出了自己的解决方案：各国可仍然配合美国贡献出"储币税"，但前提是美国承诺主动放弃美元霸权，在各国平等协调的基础上建立起新的"全球N+1统一锚货币体系"。这一"N+1"国际货币体系，是相对于目前的"N+0"体系而言的。在目前的体系中，"N"是各国主权货币，当然其中美元独大。而新型国际货币体系中的"1"，是除各国主权货币之外，新创设的全球超主权储备货币或"全球独立货币"。而且，新体系下，国际货币体系由美元锚向着超主权货币锚转换。

以上，是我所理解的全书主要内容。当然，作者所涉及的内容比我所理解的要多，包括对货币本质的理解以及国际货币体系历史的重新梳理等等。

我所膺服作者的主要有三点：一是其独特的学术敏锐性和深厚的金融理论功底。这段时间，看过不少关于米兰《手册》的解读性文章，但从货币体系历史深入剖析《手册》的实质，特别是指出米兰提出的高关税，实质是从各国收取的"美元储币税"，既敏锐捕捉到了米兰本人的思想，又让读者有茅塞顿开之感。二是其敢于创新的勇气。作者并没有局限于传统的货币理论框架，而是提出了一种全新的概念——"储币税原理"。这一概念不仅突破了传统铸币税和进口关税的范畴，更是对国际货币体系运作机制的一种深刻揭示，对于理解国际货币体系的运作，预测其未来走向具有重要意义。三是对未来国际货币体系构想上达到了前所未有的高度。作者不仅深入剖析了美元霸权的内在逻辑和困境，还提出了一种全新的国际货币体系构想——"全球N+1统一锚货币体系"。这一构想如果能够落实，不仅能够解决当前国际货币体系的诸多弊端，更为全球经济的可持续发展提供了一条可行的路径。

不过，在我看来，本书也仅仅算是开了个头，需要深化研究的还有很多。其中，作者在书中虽然论证了构建"全球N+1统一锚货币体系"的必要性，但对于如何创建，只是从原理层面提出了自己的初步构想。再比如，作为向新货币体系的一种过渡方案，亦为了化解美元美债当下之困境，特别是2025年6月即将到期的美债偿还危机，作者建议，可以将6.5万亿美债到期无法兑现部分，发行其所对应的以人民币计价的等量"人民币-美元夹层债"，将美国的国家信用由中国背书，当然也由此来重构两国经济政治关系，实现双方共赢。但至少到目前为止，看不到会有这样的解决方案。甚至"全球N+1统一锚货币体系"这一全新制度设计，在目前的全球治理框架下，也可能只是作者美好的愿意而已。

当然，无论如何不可否认的是，本书的确给读者提供了一个全新视野，给金融界开启了一种全新思路。

我与作者马国书先生交往多年，一直为其孜孜不倦的学术创新所感怀。由于马先生思考的独辟蹊径、视野的高度宏观性以及思想上极强的原创性，他诸多成果并不为大众所熟知，即使在圈内，懂的人不多，和者更寡。但马先生一直不改其本色，依旧享受发现真理以及与知己分享其发现的快乐。这本书提出的"储币税原理"以及"全球N+1统一锚货币体系"等概念，创新性仍然非常强，加之货币理论本身就是一个相对抽象和复杂的领域，因此，对于大多数普通读者来说，阅读本书可能会感到吃力，而国内专业学者亦未必会下功夫。但我相信，即使是"藏之名山，传之后世"，这部书提出的问题及对未来的构想，亦有大价值，甚至可能成为未来金融理论领域一本重要的带标志性意义的基础著作。

最后，再次祝贺本书的出版，祝愿作者学术之途不断上新台阶。

2025年5月22日于格致斋

序　言

王义桅

"研究美国，就是研究世界"；"美国问题，就是世界问题"。25年前汪老（道涵）的这两句话影响了我的一生！汪老的美国问题就是世界问题，研究美国就是研究世界的高瞻远瞩到今天更加上升到人类命运共同体的新高度。所谓中美博弈，其实是关于人类未来的两种不同情景的抉择。中国和美国之间的关系不只是两个国家的关系，更主要是西方资本主义和现代中国社会主义之间，甚至两大文明之间的关系。

中美间所谓关税战，把美元问题再次推到了风口浪尖。正如2023年2月20日新华社发布的《美国的霸权霸道霸凌及其危害》所指出的，美国利用"铸币税"攫取全世界财富。仅凭借一张成本约为17美分的百元纸钞，就让其他国家实实在在地向美国提供价值相当于100美元的真实商品和服务。法国前总统戴高乐半个多世纪前就曾指出，"美国享受着美元所创造的超级特权和不流眼泪的赤字，她用一钱不值的废纸去掠夺其他民族的资源和工厂"。

美元霸权是世界经济充满不稳定性和不确定性的主要根源。新冠疫情背景下，美国滥用美元霸权，向全球市场注入了数万亿美元的各类流动性，填充买单的却是其他国家，特别是新兴经济体。2022年，美联储结束超宽松货币政策，转向激进加息政策，导致国际金融市场动荡，欧元等多种货币大幅贬值，创下20年来的新低，许多发展中国家因此遭遇严重的通货膨胀、本币贬值和资本外流，导致经济发展遭遇美国的零和式干预。尼克松政府财政部长康纳利曾经得意洋洋且傲慢地指出，"美元是我们的货币，却是你们的麻烦"。

不要盯着特朗普，要盯着特朗普背后的问题。早在20世纪60年代，比利时经济学家特里芬就发现："由于美元与黄金挂钩，而其他国家的货币与美元挂钩，虽然美元取得了国际储备货币的地位，但为了发展国际贸易和发展经济，各国必须用美元作为结算与储备货币，这样就会导致流出美国的美元在海外不断沉淀，对美国国际收支来说就会发生长期逆差；而美元作为国际储备货币的前提是必须保持美元币值的稳定，这要求美国必须是一个国际贸易收支即使不能长期为顺差国，但也不能为逆差国。这两个要求互相矛盾，因此是一个悖论。"这一内在矛盾称为"特里芬困境"（Triffin Dilemma）。

能不能克服"特里芬困境"所剑指的美元困境，为美元充当国际储备货币寻找一条新的出路？特朗普政府的白宫经济顾问米兰提出的"海湖庄园协议"横空出世，直指问题的实质，试图破解美国的逆差困境。

中国到了不解决世界问题不足以解决美国问题，不解决美国问题不足以解决未来问题和自身发展问题的新阶段。我们不要做孙悟空，要做如来佛！不是简单地跟美国打斗，而是要解决美国问题，即破解主权货币的全球公共产品困局。特朗普的问题表面上是关税战，实际上是金融战和货币战，甚至就是超限战。如果不解决这些问题的根本，中美关系是不可能稳定的。所以，2006年笔者发出"防止美国过快衰落"的呐喊，现在美国的衰落正以肉眼可见的速度在发生。很多人说美国相对于其他大国，在经济实力、军事实力、金融实力、科技创新实力方面都在上升，无所谓衰落。这种观感是对美元霸权认知不足所带来的。一旦美元霸权衰落，美国回归正常国家，美国的衰落便会显露出来。离开美元霸权，美国作为一个正常国家其实力是很难增长的。特朗普的支持者即使震耳欲聋地高喊"让美国再次伟大"（MAGA），美国也是离不开美元霸权的。只要离开，作为正常国家的美国是很难伟大的。

马国书先生回归人类最基本的交换关系，从"广义交换分析"的新方法论视角上重构了交换原理，将传统交换的单一型结果分析范式扩展到了多结果的广义交换分析范式。广义交换既没采纳古典经济学基于交换相等论的价值分析范式，也没有采用基于效用交换论的新古典分析范式，而是在超越第三方观察者方法论的探索中最大化地遵循第一性原理，给出了同时包含"价格没成功结果"和"价格成功型结果"均在广义交换内生性结果集合中的多结果广义交换理论。

基于多结果但有限集的广义化分析方法论，马国书先生将交换关系的广义化范式从微观经济分析，不仅扩张到了中观经济分析、宏观经济分析，而且扩张到了国观经济分析，即书中所称的"国际实物锚收支平衡体系""国际本位制再平衡体系""全球双经济体平衡体系""国际互换平衡体系"以及"全球双增长均衡体系"。这种将国际体系从货币的外生变量转变为货币内生变量的分析范式转变，为马国书先生随后发现"储币税原理"和得出"美元霸权的绝唱"的原理判断，奠定了方法论的大统一基础，堪称大作，初读书稿即有醍醐灌顶之感。如果没有如此深厚的实践与理论功底，没有对人类前途命运的担当，是无法穿透西方经济学、西方数量论货币学和西方金融学理论，更加无法完成颠覆式的理论创新的。全球独立货币主张，堪称人类货币史的凿空之旅，值得每一位关心中美关税战、中美关系未来和人类大未来的人阅读。读懂中国，读懂中国式现代化，读懂人类命运共同体，既需要读懂美国，还需要读懂美元，更需要读懂货币起源史理论。

书中提出了货币资本从美元霸权开始已经进入债务型货币误区，必须完成有锚型货币体系的根本转变，走向人类共赢繁荣的新未来。这也是我们说的人类文明的新形态吧。

20世纪最重要的历史性事件是伴随布雷顿森林体系解体而遭解体的实物锚代币体系的超级巨变，而不是苏联的解体——苏联的解体只是因为布雷顿森林体系解体后，尼克松访华，实现中美关系正常化，美国联合中国，借助更大的新型货币霸权逼迫苏联破产的结果。所以，美国霸权的核心是美元霸权。为了维护美元霸权，才有军事霸权；也是因为美元霸权，才能够维系军事霸权。如今，当美元逆差在海外的顺差总规模大于其本国经济体所对应的美元总规模时，美元霸权已四面楚歌、无以为继，所以才会出现特朗普的全球基础关税和对等关税之最后挣扎的阳谋。

面对美国新一轮的美元霸权阳谋，中国不只要顶住压力，不仅要打赢所谓关税战，更要打好关税战背后的货币战，最终迫使美国回归正常国家。当然，要想打好货币战，不仅知道美元霸权的真正秘诀，不彻底搞清楚特朗普关税战的实质和米兰"海湖庄园协议"的猫腻，就会雾里看花，难识庐山真面目。

广义货币理论的提出就像广义相对论的提出证明了牛顿力学只是人类物种世界中的物理学定律，更大尺度且接近光速运动世界中的物理学定律必然得由广义相对论来揭示一样，在当前全球开放型货币化经济背景下，包括AI创新型经济，美元霸权所主导的双经济体系（美国国内经济和国际经济）遭遇失衡困境时，如果仍然需要有效治理的话，就值得借鉴马国书先生创立的广义货币经济学理论建构的"储币税原理"。在此基础上向"国际互换型平衡体系"临时过渡，继而向"全球双增长型均衡经济体系"转型，实现人类共赢繁荣的新未来。

为此，强烈推荐马国书先生大作《储币税原理：美元霸权的绝唱》。

目 录

自 序 1

序 言（乔 良） 1

序 言（卢周来） 1

序 言（王义桅） 1

导 言 1

第一章 美元霸权的内外比失衡 _9

1.0 贸易问题、分析和理论的重构 11

1.1 国际贸易的顺差逆差与平衡原理 12

1.2 国际贸易顺逆差及平衡原理在易货贸易下的失灵 13

1.3 国际贸易到底在平衡什么？ 14

1.4 国际贸易的单边结算货币 16

1.5 美元充当国际贸易的次优型结算货币 17

1.6 美元从国际结算货币转型为国际储备货币 20
1.7 与斯蒂芬·米兰之"重构全球贸易体制"的对话 22
1.8 美元霸权内外比的失衡困境 24
1.9 与巴菲特关于"美国净资产流失之失衡困境"的
　　对话 25
1.10 与米兰关于"经济失衡的根源在于美元长期高估"的
　　 对话 28
1.11 与"美元内外比困境"的对话 31
1.12 与"美元内外比困境"的第二次对话 33
1.13 与"美元内外比困境"的第三次对话 34
1.14 从"实物锚"到"国债锚"的美联储绝唱 35

第二章　美元霸权的失衡困境与储币税原理 _ 39

2.0 破解美元内外比困境的储币税原理 41
2.1 是关税？还是"巴米税"？ 42
2.2 国际主权型储备货币的三级逆差原理 44
2.3 全球主权型储备货币体系的绝对困境 47
2.4 全球重构计划与储币税原理 54
2.5 破解美元内外比困境之估值失衡的储币税原理 64
2.6 破解美元内外比困境之比例失衡的储币税原理 66
2.7 破解美元内外比困境之储币对冲的储币税原理 67
2.8 美国征收关税或"巴米税"的对华影响 70
2.9 美元储币对冲原理与国际开放经济体 72
2.10 美元汇率升值对冲进口关税的储币税效果分析 74

2.11 "巴米税"与储币币值之间的抵消假定　75

2.12 关税原理与储币税原理　81

2.13 "巴米税原理"与储币税原理　84

2.14 铸币税原理与储币税原理　85

2.15 美元安全一体化的国际体系新梦想　88

第三章　美元霸权的真面目与货币锚黑洞　_91

3.0 美元储币新国际与国际货币体系　93

3.1 国际N+0货币与贸易体系的困境　94

3.2 美国困境的初始由来　95

3.3 美联储与英式央行的FRS困境　97

3.4 美国和美联储争霸世界货币主导权　98

3.5 美元霸权的2.0时代　100

3.6 美元霸权2.0体系的资本自由化　104

3.7 美元霸权2.0体系的无锚发行新困境　105

3.8 美元霸权2.0体系的储备货币困境　107

3.9 次贷危机与美元霸权3.0体系的崛起　108

3.10 美元霸权3.0体系的巴菲特危机　110

3.11 美元霸权4.0体系之全球重构的新梦想　111

第四章　美元霸权"巴米税"的新梦想　_117

4.0 储币危局中的美元霸权新梦想　119

4.1 美国国家净资产的国运之梦　121

4.2 巴菲特的困境发现及破解之道　123

4.3 米兰关于美国贸易逆差及国际收支逆差的根源探究：
储币逆差 130

4.4 储备货币之逆差、顺差和平衡三层结构原理 133

4.5 布雷顿森林体系下的特里芬1.0困境 136

4.6 实物锚解体后美元国际化的特里芬2.0困境 139

4.7 全球开放型经济体之美元国际化的特里芬3.0困境 141

4.8 2025年美元储币化的特里芬三困境 142

4.9 美元储币世界，还是"特里芬世界"？ 143

4.10 重新分配全球贸易顺差积累的"巴米税"新梦想 147

4.11 美国经济失衡的总根源："美元估值过高"与动态
调整 149

4.12 主动寻求美元危机以求借低估值美元对冲
"巴米税" 152

4.13 遏制进口关税负效应发生的储币税国际机制 154

4.14 救助型储币税原理与朝贡型储币税原理 157

4.15 美元与安全一体化的美债新梦想 160

4.16 美国已经丧失了朝贡型储币税的窗口期 161

4.17 美元霸权的全球巨变博弈 163

4.18 全球顺差国救助型储币税或全球顺差产业去美元化
进程 164

4.19 如何应对美债危机和财政赤字的美联储？ 166

4.20 美国政府与美联储的博弈 167

第五章 全球储币学原理 _169

5.0 国际储币体系的起源与展望　171

5.1 国际收支双平衡原理　172

5.2 国际实物锚储币体系及其危局困境　175

5.3 国际主权锚储币体系及其危局困境　177

5.4 国际互换锚储币体系及其危局困境　182

5.5 国际互换结余税原理与国际互换平衡体系　186

5.6 全球 N+0 主权货币体系与再论国际收支平衡　188

5.7 全球 N+1 稳定币收支平衡原理　192

5.8 全球广义货币学原理　194

5.9 全球广义货币锚原理　196

5.10 全球 N+1 统一锚货币体系　197

5.11 全球独立货币原理　198

第六章 全球储币体系的中美较量 _201

6.0 美元霸权 4.0 体系与中美较量　203

6.1 美元霸权之 4.0 体系新梦想的完胜　204

6.2 美元霸权之 4.0 体系新梦想的完败　205

6.3 美元霸权之 4.0 体系新梦想的脱钩拉锯战　207

6.4 美元霸权的备胎准备——L 计划　208

6.5 美元霸权的备胎准备——C 计划　211

6.6 美元储备货币的零增长总协定　213

6.7 美元逆差储币与全球顺差储币的总协定　216

6.8 全球主权货币互换临时过渡总协定　218

6.9 全球顺差型储备货币转独立货币的总协定　219

6.10 全球美债稳定锚之人民币债券对冲总协定　221

6.11 全球主权货币统一锚总协定　222

6.12 全球顺差归零之互换均衡型国际贸易体制　225

6.13 全球双增长均衡型国际贸易体系　227

6.14 全球N+1统一锚货币型国际贸易体系　230

第七章 全球N+1统一锚货币体系 _ 233

7.0 国际货币体系新论：全球N+1统一锚货币体系　235

7.1 全球N+0主权货币体系　237

7.2 全球双增长均衡可持续经济　239

7.3 全球N+1统一锚货币体系　240

7.4 全球独立货币的构建原理　241

7.5 西方经济学的范式革命：广义货币经济学原理　243

参考文献与注释 _ 247

导　言

　　2003年，沃伦·巴菲特在《财富》杂志上发表了题名为《美国不断增长的贸易赤字正在削弱我们的国家，兼一个解决问题的方法，我们需要立即采取行动》（America's Growing Trade Deficit Is Selling the Nation Out From Under Us. Here's a Way to Fix the Problem —And We Need to Do It Now）的文章。[1] 该文借助于设立双岛模型展开了细致分析。其结果可以确定的是，巴菲特发现了迄今为止有关美元充当国际储备货币最伟大的新阿喀琉斯之踵。

　　传统上，美元所主导的国际货币体系，在布雷顿森林协定时代就已经呈现出罗伯特·特里芬在《黄金和美元危机》[2] 一书中所指出的"特里芬困境"了。即，美元充当国际贸易结算货币需不断增量供给与其有效清偿能力之间是存在着一个临界点的，一旦增量供给超越了这个临界点，美元的有效清偿能力就会从良币清偿转变为劣币清偿，最终导致市场不会再接受美元充当国际贸易结算货币的制度安排了。

事实也证明如此。1971年8月15日，美国尼克松政府迫于诸多对美元信心不足的压力，正式宣告了美元不再按布雷顿森林协定下的约定比例兑换黄金了。至此，黄金和美元的可兑换窗口被正式关闭。此一历史事件被公认为有效证明了特里芬困境的真实存在。

除此之外，关于美元垄断国际储备货币地位的困境认知，还包括美国实力衰落论、庞氏骗局论、中国崛起挑战论等大众媒体类的认知。当然，即便是央行领域的专业人士，明知自英式央行体制以降就已经潜藏着部分准备金（Fractional Reserve System，简称FRS）困境，且美联储安然过渡到了布雷顿森林协定解体后的非实物锚货币时代，大多数人不知道的是，FRS困境其实已经悄然转变为了更加凶险的零准备金制度（None Reserve System，简称NRS）困境。

这种NRS困境虽然是当今世界所遭遇的普遍困境，但基于主权原则，各国在处理自己的主权货币时并无统一的货币学原理来支撑。显然，这种NRS困境的核心疑难就在于，世界各国既不知道货币在历史上是如何起源的，也不知道货币的增量又是如何被创造出来的。除了货币数量论和中性论之外，人类关于货币的认知，事实上仍然相对有限，甚至是十分有限的。

更有甚者，货币中介论、货币面纱论、货币零价值论、货币符号论，乃至所谓现代货币理论等正充斥着我们的时代和专业领域。

美联储虽然审时度势，在摸着石头过河的未知世界里勇敢探索，发现了最有利于美国和美联储的美债锚的货币新基石，但是，它拥有的庞大研究队伍还是没能够关注到巴菲特的伟大发现，更没能意识到这才是美元充当国际储备货币所潜藏的真正阿喀琉斯之踵。

巴菲特发现，随着国际贸易逆差的持续扩大和不断积累，美国通过操弄汇率剪刀差虽然可以将其中的一部分海外赎权购买力剪切掉，但当逆差积累的不断增长达到一定规模且其边际增长率大于剪刀差可以盘剥掉的赖账率时，海外赎权购买力的总和总有一天会将美国的净资产总和购买为零或为负的。彼时，美国就被逆差殖民而亡国了。

这个发现必定曾令巴菲特夜不能寐、寝食难安，甚至焦虑不已，迫使其最终不得不亲自上阵来撰写并公开发表上述警示文章。

怎奈，巴菲特的警示檄文系西方主流经济学和货币经济学界完全无法衔接的选题。因为两者的研究范式与货币非中性论之间毫无关联，根本无法对巴菲特的重大发现作出哪怕仅只必要的底线应对。

无法承上启下，巴菲特的伟大发现只好躺在那里睡大觉，白白浪费了22年的宝贵光阴。直到斯蒂芬·米兰代表的另外一股虽有交集但属于新兴势力的崛起。

2024年11月米兰发表了《重构全球贸易体制：使用者手册》的报告。该报告锋芒毕露、直接剑指美元霸权的危机困境和破解之道。该报告是否与巴菲特有关，本书著者尚未有有效的线索和证据，暂不得而知，但彼此间有主张交集是显而易见的。两者都聚焦关注美元逆差议题，都担忧美元逆差的全球积累过大最终必然带来关乎美国国家安全等诸多领域的国运级危局与挑战。

正因焦点议题相同，本书才选择了同时与沃伦·巴菲特和斯蒂芬·米兰等就美元储币体系之困境、应对和未来的深入对话。[3]

鉴于巴菲特和米兰两位著者所发现和触及的问题均涉及货币非中性原理的直接假定，西方经济学在两位著者的论述和分析中必遭全面失灵和失效。例如，借货币之汇率来对冲关税的概念，在没引入新范式原理，如"币值原理"之前，是无法理解的。这意味着，建立在货币数量论及其中性论基础之上的西方经济学的所有概念均已失灵和失效，均已无法直接应用，必须进行原著意义上的问题重构和分析重构。不进行原始追问的重构，巴菲特和米兰想在蓄意阐述的问题上与世界各国之间展开有效交流甚至达成最终共识，将是不可能的。

事实上，巴菲特在2003年文章中所关注的核心议题就是贸易逆差问题和由其所引发的美国危机。此外，米兰在其《重构全球贸易体制》中也同样重点提及和关注"经济失衡"和"美元高估阻碍国际贸易平衡"等相关问题。不过，两大问题都不是自古典分析范式以降西方经济学所能予以应对的，包括货币数量论和货币中性论也都无能为力。换言之，整个西方经济学界对于美国当前困境或美元霸权困境所呈现出来的无为表现，除了集体无能之外，剩下的只是范式失灵和失效了。

正因如此，巴菲特作为始作俑者所深切关注的美国困境问题才会在西方经济学界有效范围之外持续恶化，如今已经危及到了美元霸权的生死存亡。这是一个西方经济学不发生巨变已经无法拯救美元霸权的大转折时代。显然，米兰的重构探索就是超越西方经济学传统范式的最新尝试。文章虽然青色，但敢于直面现实、巧于触碰棘手问题的勇气，无疑是大胆尝试摆脱西方主流经济学腐朽分析范式的榜样所为。总之，基于美元霸权危机的全球重构，缺失经济学的重构是不可能的。

无论认同与否，米兰已经吹响了西方经济学革命的号角，已经对华尔街和美联储发出了怒吼。在主张全球重构的檄文中，米兰已经将自己设身处地放置在了一线斗士的重要角色上，胸有成竹地进行着排兵布阵，俨然一副已经旗开得胜的模样。

无论如何，重构全球贸易体系的历史转折点已经到来，再也无法回避了。最终是否按巴菲特及米兰的重构剧本展开，大概率是否定的。因为，在大转折时代，人类不仅面临着"良币美元"和"劣币美元"之间何去何从的大是大非博弈，同时还面临着是否继续由美元来充当国际储备货币的更大议题和对决。

今日世界已经不再只有美元才可以充当国际储备货币的时代了。对货币和储备货币的完整性认知已经使得以美元为支撑的全球经济的最大增长边界和美元区的可持续基础有了理论充分的系统性揭示。不仅对于美元体系的来龙去脉可以给出完整的揭示，更为重要的是，对于被西方经济学分析范式之垄断地位始终遮蔽的广义货币经济学而言，也已经同样可以给出系统性的理论建构了。[4]

换言之，是在货币的牵引下人类才生活在增长性经济体之中的。西方经济学在货币非中性领域的集体且重大失灵，已在事实上造成了今日美国和美元霸权的危局困境。

只要正念在，美元霸权所遭遇的危局是有多边破解方案的，但是若像巴菲特和米兰一样，仍然幻想着垄断国际储备货币的主导权地位，企图继续独享印钞税的便利以及汇率剪刀差的红利，还想在全球体系的重构中额外独享储币税的更大红利，恐怕只能竹篮子打水一场空了。

因为，在广义货币经济学的分析框架下，不仅当前的美元霸权危局是有临时性多边应对机制的，而且可以确保有效实现人类共赢繁荣的"全球N+1统一锚货币体系"也是可供选择和实现的。

面对美元霸权的现实危局,到底是走米兰的单边主义全球重构之路呢?还是走由美联储QE工具先行给予救助,然后展开多边谈判之路呢?亦或在多边博弈的绞杀下被迫选择走多边救助的临时之路,然后再行展望更加美好的未来呢?或直接选择"全球N+1统一锚货币体系"呢?为此,本书给出了整体路线图的有效梳理。

无论美元霸权体系会发生怎样的巨变,人类经济的总增长和财富总规模都必须得是可持续递增的,不能局限于全球经济零和化。只要给定这个大原则,巨变就是良性的,就是可被多边主义接受的。否则,任何零和方案都是没有重构价值的,也都是不可能的。

可惜的是,在巴菲特及米兰的全球重构方案中,我们看不到任何有关多边共赢或人类共赢繁荣的论述与追求。

无论巴菲特的方案亦或米兰的全球重构计划最终能否成功落地,世界的巨变时刻已经到来,已经无法不对老态龙钟的美元霸权体系进行重构了。

毫无疑问,美元霸权所遭遇的困境是任何国家主权货币充当国际储备货币都会遭遇的"主权锚困境"。故,任何重构都不可能继续这种"主权锚国际体系"了。事实上,已开始流行的国际主权货币互换体系便是一种"临时替代"。之所以是一种"临时替代",其根源就在于,它并不能有效替代"美元锚国际体系"的继续存在,甚至壮大。

有鉴于此,真正有效的"主权锚国际体系"替代体系必须得是一种能让美元回归主权货币且仅只充当主权货币的"新型国际体系替代"。

无疑,如果存在这种替代的话,它必将是一种颠覆性的替代。那么,这种颠覆性替代是可能的吗?

答案是肯定的。这便是"全球N+1统一锚货币体系",一个拥有着货币学起源原理和货币增量创造原理为根基的"全球N+1统一锚货币体系"。在该体系项下,每个国家的主权货币仅只发挥主权货币职能,相应地,"国际储备货币"则由"+1货币"来充当和发挥。如此,一个彻底破解了所有失衡困境的国际储备货币体系就会应运而生,而且可以确保该体系的解体条件为零。由此,建立在"双增长原理"之上且可确保人类共赢繁荣的新型国际货币体系就会向我们走来。

第一章

美元霸权的内外比失衡

在斯蒂芬·米兰的《重构全球贸易体制：使用者手册》中，到处充满了对西方经济学的不屑和超越。从美元估值、货币对冲、"巴米税原理"的构建、币值调整，到非本位锚的国际收支平衡，无处不体现出远超货币数量论和货币中性论之西方经济学和西方货币学分析范式的原始创新。

整个经济学的失灵、失效和迷失达到了前所未有的空前境地。米兰不仅视西方经济学空洞无物，拒华尔街于千里之外，甚至公开主张，仅政府手中就握有可以无畏市场力量的超级力量。因此，重构世界是可能的。

围绕着米兰经济学创新所展开的与之概念相关的原始重构：问题、分析和理论重构的再探索，本书展露了自巴菲特以降到米兰《重构全球贸易体制：使用者手册》所预示的新范式经济学的逻辑涌动和原理创新。

像米兰欲重构世界从重构经济学开始一样，解构和重构其背后的思想体系也必须从重构巴菲特和米兰的稚嫩重构开始。

1.0 贸易问题、分析和理论的重构

开宗明义，我们也用沃伦·巴菲特在其2003年文章中的双岛模型。

依照巴菲特的模型设计，假设有两个比邻的岛国，分别被称之为浪费岛（Squanderville）S国和节俭岛（Thriftville）T国。给定如此，两个岛国之间开展国际贸易的自愿且非强迫性方式，有如下三种：

1. 彼此之间仅只开展纯易货贸易；
2. 使用S国的货币或使用T国的货币开展单货币型国际贸易；
3. 同时使用S国和T国的货币开展双货币型国际贸易。

显然，如果贸易方式以其中1方式开展的话，是不会有贸易赤字或逆差之说的。因为，每次易货贸易都是自动平衡的（不考虑交割议题）。为此，我们特将易货贸易始终处于平衡的原理，称之为"易货贸易恒定平衡原理"[1]。但是，为什么凡易货贸易均系恒定平衡的呢？或者说，凡易货贸易均始终恒定平衡的原理或机制到底是什么呢？

无论如何，上述两个问题是西方经济学未曾深入探究过的。为此，我们换个提法来追问：为什么在S国和T国之间开展贸易

一旦引入货币，就会有顺逆差现象（或顺差、逆差现象）或平衡现象的出现呢？

为此，西方经济学的解释是，引入货币后，如果S国出现逆差的话，就说明S国进口的比其出口的要多；反之，如果进口的比出口的要少，则S国就会呈现顺差而不是逆差了。

果真，又如何来定义或衡量S国进口的比其出口的要多呢？[2]

1.1 国际贸易的顺差逆差与平衡原理

为进一步将问题的本真呈现出来，我们继续细化上述双岛案例，并以飞机和牛仔裤两种贸易标的物继续上述分析：即S国出口1架民用客机给T国，每架民用客机的价格为9个亿货币单位；T国则出口1亿条牛仔裤给S国，每件10个货币单位。于是：S国出口1架9个亿货币单位的民用客机给T国；与此同时又从T国进口了1亿条牛仔裤，总价格10个亿的相同货币单位。此时，S国进口的比其出口的要多的确切含义到底是什么呢？是牛仔裤数量和飞机数量比较的多与少吗？如果不是的话，那么是牛仔裤和飞机各自价值比较的多与少吗？如果也不是的话，那么，请问贸易顺逆差的比较标准到底是什么呢？

显然，自重商主义以降，国际贸易顺逆差的概念仅只体现了一种情形，那就是，国际贸易的当事双方或多方都使用同一种共识型货币，或相同的实物锚，如实物锚代币时代金本位所对应的标准品位黄金。

即一国进口所支付出去的黄金，如果和该国出口所换回来的黄金在标准品位下的数量相等或一致的话，对该国而言其国际贸易收支便是平衡的。即收支平衡的确切含义是"国际贸易代币实物锚收支平衡"。

换言之，这是国际贸易呈现顺逆差现象的唯一经济学解释和共识，此外没有其他更合理的解释及共识了。为此，我们特将其称之为西方范式下的"国际贸易顺逆差及平衡的实物锚收支所得比较原理"。

不过，上述原理生效是有前提的，即其中的货币一定是贸易双方不可人为制造的实物锚本位货币，即各国代币的实物锚定物，如黄金。

换言之，无论黄金的价值发生怎么样的变化，该变化对贸易双边的当事国而言都是齐次的，即无差别的。如此，上述的比较原理方能生效。否则，在其生效条件中就有可能隐藏着更深层次上的假定约束。

1.2 国际贸易顺逆差及平衡原理在易货贸易下的失灵

显然，上述国际贸易顺逆差及平衡原理只能在货币参与国际贸易时才能生效；相比之下，在易货条件下是失灵或无法生效的。

毕竟，易货贸易条件下，双方当事人都是为了所得对方贸易标的物才去开展国际贸易的，并没有将所得贸易物再行交换出去的企图。

那么，为什么当货币参与时就会发生货币先被交换进来，然后再交换出去的情形或必要性呢？[3]

根据广义货币经济学项下的广义货币学原理[4]，货币的本质是交换剩余：既包含有交换剩余在其中，同时也服务任何人去追求所得更多交换剩余的目的。

换言之，物物交换的西方经济学分析原理仅只涉及相等意义上的古典价值交换和新古典效用交换，对"剩余型交换"是没作基础分析的，所以无法解释为什么一旦货币参与到国际贸易中就会出现顺逆差及平衡现象的比较议题了。

正因如此，国际贸易顺差、逆差和平衡原理在易货贸易条件下才是必然失灵或必然无效的。无论如何，货币乃发挥着不同于普通实物之使用价值、仅只追求交换剩余之交换价值的作用。

1.3 国际贸易到底在平衡什么？

给定国际易货贸易下顺差、逆差和平衡均不存在的事实和原理，我们似乎可以得出结论：国际贸易凡涉及平衡要求的根源都在于，只要引入货币型贸易取代易货型贸易，即凡引入货币就会出现顺差、逆差和平衡三种不同情形之一的可能性。且顺差或逆差一旦发生，平衡就不会发生。此时的国际贸易体制就成为了收支失衡体制。

有鉴于此，给定国际货币型贸易体系，如何确保该体制始终保持收支平衡，就成为所有国际货币型贸易体系一致向往的追求。

那么，如何确保国际货币型贸易体系是"货币型收支平衡"的呢？亦或，确保"货币型收支平衡"的实质含义又是什么呢？

显然，在金本位时代，各国开展国际货币型贸易与1944年创建的布雷顿森林协定体系项下各国开展国际货币型贸易之间不可能是相同的。彼时，除美国之外其他各国都已经没有金本位所对应的代币黄金了。此时的"货币型收支平衡"肯定不再是本位币的平衡了。

给定这种历史实证，它又意味着什么呢？

不得不说，无论"货币型收支平衡"，还是"国际货币型贸易平衡"，其原理都是异常复杂，绝非简单的议题。非常遗憾的是，西方经济学在此议题上从未能深入到其中去一探其庐山真面目的究竟。

换言之，只要搞明白不同的国际货币型贸易体系其实都在追求着各自不同的"平衡原理",我们的世界就会即刻变得简单起来,进而变得更加理性和可治理。即,我们必须深入到每一个具体的货币型国际贸易体系中去,才能彻底搞清楚:各自所辖或所要求的平衡原理到底在维系怎样的贸易体制和怎样的财富体制。

1.4 国际贸易的单边结算货币

给定国际贸易在S国和T国之间开展,若既不选用1易货贸易形式,也不是选用3同时使用S国和T国双货币的话,而是选用2使用S国或使用T国的单货币形式,而且进一步假定系选用两者中S国货币Ms的话,那么,其国际贸易又将如何获得起始呢?

显然,T国首先出口给S国并换取S国的货币Ms,然后再用Ms从S国开展进口;并约好年终时T国因出口S国,所获得的Ms之∑Ms(T出口)必须全部支付完毕,即确保:∑Ms(T出口)= ∑Ms(T进口)。如此,即使引入S国的货币Ms作为两国开展国际贸易的结算货币也是可以顺利进行的。但是,这项安排需要依赖如下前提的有效约束方能发生:

1.T国首先出口S国且换取到其货币Ms后,S国是有可供T国进口之贸易品的,否则,此种安排不可行或会遭遇困境的。

2.T国首先出口S国且换取到其货币Ms后,S国的货币Ms必须保证不能贬值，否则，T国用全部∑Ms（T出口）所得后，进行∑Ms（T进口）的全部进口支付后的贸易标的物所得，是会遭受Ms贬值之损失的。

3.T国首先出口S国且换取到其货币Ms后，不得故意滞留S国的货币之全部∑Ms（T出口）或部分∑Ms（T出口），而不在约定的年终结清余额。此种情形若发生，该项国际贸易的货币结算安排也是不可行的。

由此可见，充当国际贸易的结算货币一旦可被贸易当事国所操纵，尤其当"贸易结算的货币职能"进一步演化成为"国际储备货币职能"时，上述3的条件约束就会自动失效。当然，如果发生次优条件的成本约束，则另当别论。

1.5 美元充当国际贸易的次优型结算货币

人类的货币史是从实物货币、到实物铸币、到实物锚代币、再到实物锚代币型央行货币体制、再到如今主权货币体系一路演进而来的。

因此，1.4中充当单边结算的货币如果是实物锚型代币的话，和如果是主权锚型代币的话，彼此之间系潜藏着重大的差别在其中。

自1971年8月15日以降，美元充当国际结算货币时便随实物锚的解体而自动嬗变为非自愿型的主权锚货币了，因而属于1.4项下之3的次优型国际结算货币。

换言之，任何主权锚货币若想充当国际贸易的结算货币，在初始和边界条件上都不具备多边自愿型的共识基础。即1971年之后，美元成为了国际贸易结算货币的成因，并非因为美国的综合实力最优而被接受的。如果这样的话，为什么不在1944—1945年创建布雷顿森林协定时就直接使用美元呢？想想看，那时候的美国难道不比1971年时的美国更具超级强大的综合实力吗？所有的同盟国和轴心国都已经陷入废墟之中，当时的美国其综合实力处于巅峰状态，无论绝对实力还是相对实力，都没有任何国家可以与之相比肩。彼时为什么不直接使用美元作为国际结算货币而非要等美国已经亏空了自己几乎所有的黄金头寸之后才让美元凭借所谓的"实力"来成为国际结算货币呢？

所以，作为主权锚货币，美元成为国际结算货币的机制并非多边自愿和共识以及最优的结果，而是美国借国家非信用方式以非法解体布雷顿森林协议定的方式，强加给国际社会的"劣币美元"。

换言之，美元成为国际结算货币、继而成为国际储备货币的机制，都是借非法途径才获实现的，都不是多边共识的结果。

当然，不仅美元如此，事实上任何主权锚货币要想成为国际结算货币的初始和边界条件也都是无法满足多边自愿之共识原则的。因为，比国家与国家之间贸易关系更重要和更具先决性的关系是主权关系。该主权关系体系在1648年30年宗教战争结束时，由威斯特伐利亚和约所奠定。它是人类历史上第一个多边自愿型共识体系，因此坚不可摧。

事实上，人类历史上第一个建立在自愿型多边共识原理基础之上的国际政治体系便是威斯特伐利亚和约体系。时至今日，它已经发展成为了联合国主权体系。

正因为自1648年威斯特伐利亚和约起所奠定的国际政治体系的约束性存在，任何主权锚货币要想成为威式国际体系项下的国际结算货币，都有必要借助多边自愿型共识原则来取得；否则，与之不容。

美元成为国际结算货币的历史和路径也不例外，否则只能是劣币美元。今后任何国家的主权锚货币体系要想如此，也都无法例外[5]。

正恰如此，现代人类社会有必要充分认识到，如今的美元锚国际货币体系不是一个多边自愿型的共识体系，其存在本身就潜藏着深刻的国际政治根源在其中。故，美元锚体系的困境问题，无论美国自己主动变革还是借助多边共识机制被动变革，都只有两条路可走：要么继续走非自愿型的次优共识体系（被迫如此），要么改弦更张走多边自愿型更优原则的道路（已存在可选机制）。

给定如此，国际货币体系发生不断变革的趋势乃是人类社会发展的历史大趋势，不可能被任何主权锚货币代表的国家利益所制约。

毋庸置疑，主权锚充当国际结算货币是有历史进步意义的，但发展到一定阶段之后，更加先进的国际货币体系必定会脱颖而出，不可能始终受主权锚货币的历史反动、甚至更加残酷的零和梦想所制约。

1.6 美元从国际结算货币转型为国际储备货币

罗马不是一天铸就的。同理，美元成为国际储备货币也不是一蹴而就的，是蝶变而来的。事实上，20世纪80年代全球金融自由化浪潮开启之前，美元在国际体系中主要扮演着贸易结算职能（对结算货币的需求仅由贸易条件所决定），但是，随着全球金融自由化浪潮的风起云涌，美元从国际贸易的结算货币一夜之间升级为了国际资本的流动性货币。伴随牙买加协定于1976年正式生效，美元与黄金之间在布雷顿森林体系项下所协定的固定汇率制正式瓦解，取而代之的是由市场决定的自由浮动汇率制的崛起。它迫使国际开放经济体项下的所有成员国都必须具备一定的流动性准备，而不能局限于仅只是贸易结算货币了。此时国际资本可以随意进出汇率开放型国家的经济体而形成短中长不同的流动性，从而给资本接受国的正常经济秩序带来了不稳定的额外压力，且无需承担造成不稳定的任何责任。令世界可叹的是，这一切都是美国主导和策动的结果，绝非多数国家自愿接受的结果。

当美国借助全球金融自由化将美元从国际贸易的结算货币职能转型为国际资本货币职能后，米兰所指出的"其背后则是对（美元）储备资产的非弹性需求所驱动"的根源就开始从无到有，开始逐渐呈现了。

换言之，在美元充当国际贸易项下的结算货币时，是不会存在有"对（美元）储备资产的非弹性需求"的。当只有当全球金融自由化被策动实施后，美元从充当国际贸易的结算货币进一步升级为充当国际经济的资本货币时，"对（美元）储备资产的非弹性需求"才会发生。

有鉴于此，破解美元充当国际贸易结算货币所带来的巴菲特关切和破解美元充当国际资本储备货币所带来的米兰关切，是不相同的。

即，当美元自由进出世界各国的开放型经济体时，存在随时可以给别国带来国际收支不稳定、汇率不稳定、资产价格不稳定和消费物价不稳定等一系列宏观调控易失控力量时，各个当事国，尤其新兴市场国家就不得不对美元货币有更多的需求了。这是美国主导的全球金融自由化的必然结果，不是其他国家非要依赖美元的结果。

即，造成"对（美元）储备资产的非弹性需求"的根源不在于所谓的需求国，而根植于全球金融自由化的策动和追求。事实上，只要把全球金融自由化限制住，或借制度规范遏制住，或借托宾沙子论原理给予必要限制，或彻底取消金融自由化议程，"对（美元）储备资产的非弹性需求"就会大幅度减少，乃至回归国际贸易结算所需的规模。

1.7 与斯蒂芬·米兰之"重构全球贸易体制"的对话

开宗明义，米兰主张的重构全球贸易体制和对（美元）储备资产的非弹性需求两个命题之间是不相容的。选择前者，就不存在米兰之"对（美元）储备资产的非弹性需求"的分析立论；倘若选择后者，则"重构全球贸易体制"必须得调整为"重构全球经济体制"，尤其必须包括对弗里德曼所推崇的自由浮动汇率制的重构。唯如此，才能破解巴菲特所担忧的美国净资产最终被购空或清零甚至变负的绝对困境。换言之，只要米兰不能够首先自我修正、积极破解货币对冲关税中的命题不相容困境，"重构全球贸易体制"的代价转移就是不可为的。

因为，用美元汇率主动调控式对冲美国进口高关税的企图是容易被博弈掉的。即，巴菲特认为世界摆脱不掉使用美元的想法和判断，虽属事实，但太过天真了。世界不会让美国永远当"浪费岛",而各国只能当"节俭岛"这种事情发生的。巴菲特所发现的美国困境仅靠关税或其ICs方案是不可能破解掉的。所有的不劳而获都归美国,所有的辛勤付出都由世界各国去承担,美国只负责尽情浪费。这等美差居然也能被巴菲特所暗示和梦想,真是惊掉整个世界所有人的下巴。

一言以蔽之,进口关税的战略是与重构全球贸易体制不相容的,只能与重构全球经济体制彼此相容,否则,其所为只能是竹篮子打水,到头来一场空。毕竟,美国三赤字:国债赤字、财政赤字、贸易赤字的根基,系由美元国内经济增长和美元国际经济增长失衡所构成,即:

$$\sum USD(D\text{-}growth)_{n+1} + \sum USD(I\text{-}growth)_{n+1}$$

正常情况下,$\sum USD(D\text{-}growth)_{n+1} / \sum USD(I\text{-}growth)_{n+1}$ 之比大于1,但对今日美国而言,上述比值不仅小于且趋向越来越小。亦即,由美元所拉动的国际经济增长已经远大于美国国内的经济增长,并且此趋势还处于不断强化之中。给定如此,仅凭重构全球贸易体制就想扭转乾坤纯属白日做梦。只有重构全球经济体制的整体才有可能正视上述的"美元内外比困境",即巴菲特所担忧的美国绝对困境。

更完整地说,美元经济体是由 $\sum USD[(G+T+C)/D]_{n+1} +$

$\Sigma USD\ [\ (G+T+C)\ /I\ ]_{n+1}$ 所共同构成的，其中包括两大经济体项下的有效增长 G、国际贸易 T、国际资本 C 之三位一体化的开放型经济。

1.8 美元霸权内外比的失衡困境

毋庸置疑，美元霸权所服务的经济整体系由 $\Sigma USD\ [\ (T+C+G)\ /D\ ]_{n+1} + \Sigma USD\ [\ (T+C+G)\ /I\ ]_{n+1}$ 之三位一体所构成，其中包括国际贸易 T、国际资本 C 和两大经济体的 GDP 增长 G。

给定如此，必然有如下内外比的三态结构呈现：

$$\frac{\Sigma USD\ [\ (T+C+G)\ /D\ ]_{n+1}}{\Sigma USD\ [\ (T+C+G)\ /I\ ]_{n+1}} <=> 1$$

上述表达式定义为系"美元霸权内外比"。由于美元本身并不能够支撑起上述的内外比结构，故统称为"美元霸权内外比"。其中，T、C、G 分别表示两大经济体项下国际贸易、国际资本、有效增长三位一体化的开放型经济。另外，(T+C+G)/D 表示美元的国内开放型经济体，而 (T+C+G)/I 则表示美元的国际开放型经济体。

与此同时，根据广义货币经济学原理，则有：

$$\sum \text{USD}\,[\,(T+C+G)\,/D\,]_{n+1} = \sum \text{USD}\,[\,(T+C+G)\,/D\,]_{n}$$
$$+\sum \text{USD}\,[\,(T+C+G)\,/D\,]\,\triangle$$
$$\sum \text{USD}\,[\,(T+C+G)\,/I\,]_{n+1} = \sum \text{USD}\,[\,(T+C+G)\,/I\,]_{n}$$
$$+\text{USD}\,[\,(T+C+G)\,/I\,]\,\triangle$$

它表明，两大开放型经济体都对美元的增长有直接贡献和需求。当美元霸权内外比（USDIR）小于1时，即当USDIR<1逼近极限时，美元霸权的巴菲特恐慌时刻[6]就会到来。

1.9 与巴菲特关于"美国净资产流失之失衡困境"的对话

毋庸置疑，"美元内外比困境"（USDIR困境）在国际贸易层面上的发现，是令巴菲特寝食难安的美元失衡困境。不尽早根除掉，美国必遭贪婪至死的厄运眷顾。巴菲特作为关税对冲货币之汇率操控战略的始作俑者，到底是否与米兰之间有瓜葛，本文著者并无确切证据加以说道，但巴菲特在2003年文章中发现的美国国家命运之困境和给出的ICs破解思路，无疑奠定了米兰在《重构全球贸易体制：使用者手册》中的目标指向和整体框架。

巴菲特是否曾故意将国际经济的赤字转嫁成国际贸易的赤字，即故意回避国际经济分析而刻意强调国际贸易赤字议题，才导致米兰紧随其后也故意回避国际经济议题，本文也不得而知，但 1.8 标题中所揭示出的"美元内外比困境"表明，二位没有理由无法意识到美元赤字困境在国际贸易中和国际经济中重大不同和权重等级。毕竟，两者的文章绝非学术论文，故只能是服务美国政治的智库方案。

假定如此，他们都在有选择地避重就轻，有所为和有所不为。由此，我们可以得出的结论就是，无论巴菲特也好，还是米兰也罢，他们都不会从导致问题呈现的根源入手去破解问题，因为这些问题的存在本来就是他们一手设计和制造出来的。正因如此，他们只幻想着在这些问题及其根源依然存在和有效可持续的基础上来破解所遭遇到的新问题。换言之，这些问题的存在是他们追求关键利益所高度倚重的根本保障。诸如自由浮动汇率体制、全球资本自由化等。

所以，在 2003 年的文章里，巴菲特所给出的双岛模型，即浪费岛和节俭岛，从一开始就是一个毫无公平而言的超级扭曲模型。即使像巴菲特这种享誉世界、令人尊敬的超级投资人，骨髓里流淌的居然仍旧是权力政治的零和基因，毫无人类命运共同体的政治关怀。

在巴菲特看来，从一开始美国就代表着"浪费岛"可享受不劳而获的优等待遇，而世界其他国家均属于"节俭岛"的国度，都需要辛劳付出才能获得生存，同时还得白白养活"浪费岛"的美国社会。关键是，当"节俭岛"的民众发现不公平反抗时，

"浪费岛"就会处心积虑创新出各种力争保持这种不公平状态长期化、最好永久化的新策略和新方案，以便继续追求可享受比天上掉馅饼还要美滋滋的美式生活。

为此，巴菲特担忧，美国这种拿美元白条换取世界各国有效财富之贸易赤字的美好生活到底能够维系多久？毕竟，美元是美国的主权货币，是可以借稀释原理或汇率剪刀差让海外持有的国家、企业和个人手中的美元赎权购买力不断贬值而无限循环下去的。

怎奈，这种解读不仅是大众的解读，连美国精英界也都如此理解。但作为高人一等的巴菲特，却在这种理解的背后发现了可怕的危机。巴菲特发现，虽然持有美元是被不断贬值的，但如果美元的海外持有者变换策略，决定不再持有已经明确不断被贬值的美元，而是到美国去购买美元资产，则上述的盘剥美梦总有一天会遭遇破灭而彻底失灵。果真，美国国内的美元计价资产就会因不断对冲美元贬值的国际博弈而流失到海外，最终导致美国净资产所有权越来越小的可怕结局。

这便是2003年巴菲特在其文章中的重大发现，是美元霸权背后的真正阿喀琉斯之踵。

自2003年巴菲特在《财富》杂志上发表其文章以降，转眼间22年过去了，现在的美国已经背负了36万亿之巨的国家债务。这一超级沉重的美债负担已经成为美元霸权难以驾驭和无法负重前行的毒瘤了。

1.10 与米兰关于"经济失衡的根源在于美元长期高估"的对话

在《重构全球贸易体制：使用者手册》中，米兰开宗明义道：经济失衡的根源在于美元的长期高估，这种高估阻碍了国际贸易的平衡，而其背后则是受（美元）储备资产的非弹性需求所驱动。

显然，米兰已经偏离或超越西方主流经济学十万八千里了，而且给了西方主流经济学当头一棒。毕竟，即使引入货币的数量论分析，"货币"也只有通胀、通缩、货币供给和货币需求之说，哪里会有什么"高估"之说呢？[9]

如果说"货币高估"系指货币需求旺盛或需求强的话，那么，经由货币供需市场旋即就被价格机制出清了，怎么还会等到"美元长期被高估"的可能和存在呢？显然，米兰的分析纯系货币经济学的新分析。

换言之，米兰借"经济失衡的根源在于美元的长期高估"的表达，其实是想阐述出某种精准的内涵或经济学原理的。

怎奈，米兰是根本无力说清这个问题的。毕竟，自古典时代以降的整个西方经济学都说不清楚这个问题。不得不说，这是西方经济学整体的悲哀，是其始终误导性坚持"物物交换"分析的直接后果及代价。

不难看出，自瓦尔拉斯之物物交换相等论的联立方程组到阿罗-德布鲁的一般均衡论，西方经济学的主流一直误导着整个世界，包括美国，最多在货币数量论的基础上作了些货币中性论的分析，而根本无力逾越"货币非中性论"的雷池哪怕一小步。这从根本上导致西方经济学只能在完全否定货币非中性论的基础上方可构建资源配置机制的市场原理。即，当只有当货币价值稳定时才会交由市场供需机制来配置资源，而不是市场高于货币在主导资源和经济增长的有效配置。

上述的批判和盖棺定论，显然是米兰无力给出的。当然也是米兰难以迈出的关键一步。毕竟，这意味着，它要撼动整个经济学的分析范式。虽然米兰已经深切感受到了西方经济学乃骷髅一具，毫无助益，但仍无胆魄如此越界。相比之下，由本文大胆指出更为合适一些。

简言之，"经济失衡的根源在于美元的长期高估"的立论，首先是一种经济学理论分析范式的创新，不仅现代西方经济学无法提供相应的分析框架和原理基础，米兰本人更是缺失这种必要的储备。

有鉴于此，米兰在《重构全球贸易体系：使用者手册》中的分析和构想，必然潜藏着太多的臆想和猜测，完全缺失理论为其作支撑。

有的，仅只是特朗普在其第一任执政期实施第一轮关税政策时所形成的一些纯经验性数据。固然，这些数据可以说明一些问题，但离成为有效的系统性逻辑和所需原理支撑还相差甚远。

当然，必须承认的是，仅凭直觉，仅凭在金融企业从事一线分析，仅凭2018和2019年特朗普政府实施关税所生成的有限数据，作为全球资本自由化浪潮参与者的米兰就够胆剑指"经济失衡的根源在于美元的长期高估"，这种能力必须被肯定已经实属难能可贵了。它与本书著者在《广义货币经济学》中所主张的"双增长原理"是相通的。

只可惜，米兰没能指出的是，"美元被高估"的立论若要成立的话，就必须得首先给出如下的先行立论，即美元经济系由如下所构成：

$$\sum USD(D\text{-}growth)_{n+1} + \sum USD(I\text{-}growth)_{n+1}$$

即，美元不仅为美国经济增长提供服务，同时也为国际经济增长提供服务。给定如此，就整体而言，美元不存在高估之说，否则谁在高估美元的问题就会成为一个为伪命题或新悬念。

相反，相对$\sum USD(D\text{-}growth)_{n+1}$和相对$\sum USD(I\text{-}growth)_{n+1}$而言，美元的贡献和需求各不相同。其中，对于国内而言相对较

低，对于国际而言则较高。唯如此，"美元高估"的分析和立论方能成立。

1.11 与"美元内外比困境"的对话

给出 $\sum USD(D\text{-}growth)_{n+1} + \sum USD(I\text{-}growth)_{n+1}$ 之美元经济的整体表达式，隐藏在巴菲特和米兰著述中的美元困境，即无论经由国际贸易赤字还是国际经济赤字而被海外掌控的美元都会越来越多，与此同时美国的国债规模在36万亿的基础上还得继续快速攀升，进而导致美国持有的美元净资产规模相对海外顺差持有的越来越小，即 $\sum USD(D\text{-}growth)_{n+1}$ 和 $\sum USD(I\text{-}growth)_{n+1}$ 所分别对应的美元净规模之比越来越小，即美元的内外比越来越小。这种美元净资产的外流速度超乎想象。为此，美国迫不得已必须重构世界经济秩序。

在巴菲特借美元关税武器化建议的ICs方案之后，米兰借《重构全球贸易体制：使用者手册》给出了迄今为止的第二套破解方案。

如果米兰的方案仅只是为了消除美元高估问题的话，可被解读为系主要在 $\sum USD(D\text{-}growth)_{n+1}$ 和 $\sum USD(I\text{-}growth)_{n+1}$ 两大美元经济体之间寻求估值平衡的一种努力。换言之，至少当美元服务外部经济遭遇高估问题时，是可以这样设定目标且去逐步解决的。

为此，我们特将美国为了在美元所服务的国内和国际两大经济体之间寻求美元估值均衡化的原理，称之为系"美元储币的估值均衡化原理"，也可以称之为系"美元内外比困境的估值均衡化原理"。

至于这一原理如何可以实现或实现的方略等议题，我们另辟专题给予阐述。因为，与之相关的另一个问题更为关键且重要，需要一并指出和阐述，即由于 $\sum USD(D\text{-}growth)_{n+1} + \sum USD(I\text{-}growth)_{n+1}$ 之和仍处于快速增长中，或即使美元内外比困境的估值实现了均衡，美元的总量规模仍处于高速膨胀中，此时的美国又将如何处置其国家债务不断膨胀的困境呢？[8]

换言之，米兰在《重构全球贸易体制：使用者手册》中专注破解因美元估值过高所引发的众多失衡困境的方略，是无法有效同步破解货币根基问题的。因为，美国的国家债务问题只归属美国所有，即：

$$\sum USA(T\text{-}debt)_{n+1} / \sum USD(D\text{-}growth)_{n+1}$$

是边际递增的。如此，"美元内外比困境"是内生性、常态化失衡的。

为此，我们特将"美元内外比困境"仅凭美元在两大经济体之间的估值实现均衡治理是无法最终破解美元内外比困境的原理，称之为系"美元内外比困境之估值均衡化治理不可能原理"。

那么，如何能够最终有效破解掉美元的内外比困境呢？

1.12 与"美元内外比困境"的第二次对话

给定 $\sum USA (T\text{-}debt)_{n+1} / \sum USD (D\text{-}growth)_{n+1}$ 之比，巴菲特所关注的美国净资产外流现象，必须给予更加详尽的解构和重构。

换言之，美国净资产总规模不断缩小的根源，不只是流到了海外，同时还偿还了美国的美元国债，故而对冲掉了。即，这是美元内外比困境的另外一个极其重要的根源之所在。为此，我们特将其称之为系"美元内外比困境的净资产国债对冲消失原理"。

这意味着，巴菲特关于"美国净资产外流"的数据来源和观察分析是潜藏争议的。为此，我们有理由确信，巴菲特所能掌握的相关数据必定仅只局限于美国净资产的总规模在不断缩小的这种现象，而没能关注到净资产外流以外美元货币私占权存在消失的可佐证数据。

毕竟，净资产外流仅只是一种零和现象，而净资产对冲国债的话则是一种灭失现象。两者不可相提并论，原理上完全不是一回事。

正因如此，我们才会刻意分析并指出两者之间所潜藏的重大差别。目的是借与巴菲特和米兰的对话，刻意指出：美元内外比困境的根源不只有外流现象，还有远比外流现象更加凶险的货币消失现象。

1.13 与"美元内外比困境"的第三次对话

在全球重构的报告中，米兰也提及到了美国债务再安排的议题：设想发行期限100年的零息长期债券，期待能置换海外投资者手中所持有的到期付息美债，甚至公开谈及想与安全议题捆绑在一起强行推行这种百年零息债券，以求破解美元内外比的绝对困境。

给定这种设想，实际上只有两种选择：其一，所有美元的持有者（包括境内和海外）必须均等化承担美元到期债务的偿还（货币中性原理）；其二，延期美债到期的偿还时效，同时将到期美债的付息转嫁给海外的美元持有者，或者分担或者与持有量相挂钩。

显然，无论上述二选一中的哪者，美债的市场机制都将被撼动。果真，以美债为锚的美元金融衍生品经济就将难以为继，甚至有可能走向解体与崩溃中的新变革。

不难想见，在美元内外比困境的深处实际上还潜藏着另外一个更加可怕的困境，那就是自1971年实物锚解体后的"货币锚黑洞困境"。即在英式央行体制下最大的困境便是FRS困境，但随着布雷顿森林协定体系的解体，FRS困境已经在悄然之间转化为了更加严峻的NRS困境。

NRS困境之所以更加凶险的根源就在于，发行基础货币的货币锚消失了：货币锚到哪里去了之谜就成为了"货币锚黑洞困境"。

那么，各国央行又是如何发行现代央行体制下"基础货币"的呢？为此，美联储陷入了超级的困境之中，不敢言语，只能自我悄悄消化。

1.14 从"实物锚"到"国债锚"的美联储绝唱

1971年8月15日是人类历史进程中极为特殊的一天。可惜的是，这一天的意义远未被现代人类所熟知，也未被美联储所深度认知。

美元的实物锚（金本位）解体后，美元的基础货币该如何发行呢？这是继FRS困境之后的新挑战。怎奈，如此敏感的问题，美联储一定心知肚明，但缄默其口，从不对外张扬。而西方经济学又完全失灵于货币的非中性领域，无法对众多现象和广泛存在给予必要的解读。

如此，该议题完全被美联储屏蔽在了自己的世界中而实施了严格保护。除了黑箱操作之外，美联储在此议题上讳莫如深，绝少分享。

试想，如果缺失实物锚替代机制的话，FRS困境就会迅速恶化。果真，1971年至1973年之后或1976年牙买加协定生效之后，美联储又是如何化解实物锚解体所带来的"货币锚黑洞困境"的呢？

借瞒天过海之韬略，美联储竟然引入了美元国债锚的替代机制来重构实物锚解体后美元代币体系的发行锚机制。即，此种美债已经不再是传统意义上的财政美债了，而已演变成为了充当美联储发行基础货币所必须依托的本位锚原理对应的"美债锚"了。

换言之，自此以降，美元国债就有了双重含义，其一是财政国债；其二是发行锚国债，即为了发行基础货币所需依赖的"国债锚"。

为此，根据广义货币学原理，我们特将其称之为"货币锚债原理"。即，货币的锚债不再是传统意义上的国家负债了[9]。

正恰由于美元从实物锚（金本位）转型为国债锚，才使得在英式央行时代就存在的FRS困境在被放大成NRS困境的同时，也彻底扭曲成为了定期得消失的"美元代币黑洞"。

那么，试问美联储：货币载体物是可以消失的吗？

毫无疑问，货币载体物是绝对不可以消失的。

毋庸置疑，置换为耐久性更优的载体物是可以的，但让已经存在的货币载体物集合中的一部分消失（到期归还）的话，必将导致货币稳定性的严重失衡，即导致载体物通缩所引发的稳定币通缩。

果真如此，网传2025年6月份到期的6.5万亿美元美债，只要不能兑现，必将引发全球因美元通缩所导致的资产狂跌。跌幅取决于不能兑现的到期美债规模。不能兑现的美债越多，存量减幅越大，通缩会越严重。

也就是说，只要美元在其基础货币的整体存量上不能有正值增量的有效增长，相反是负值增长的话，美元之本位币的黑洞困境和危局就将无解。可惜的是，这种货币锚的黑洞困境对美元霸权的失衡困境而言，会带来放大效应。

总之，当今的美元霸权既遭遇了服务双经济体失衡困境的巴菲特危机之挑战，同时又遭遇了美元代币之货币锚黑洞的绝对挑战。因为，国债锚已无可持续增长的市场空间及国际环境。果真，美元霸权不仅已经从"美元良币"转变为"美元劣币"，更在极速转变为"美元衰币"。借巴菲特的表述也就是：We wouldn't bet on a currency going to hell.

拯救美债、拯救美元已势在必行。毕竟，美元和美债承载着太多的人类财富和辉煌在其中。但美元霸权绝唱的挽歌已经谱就。

第二章

美元霸权的失衡困境与储币税原理

国际贸易收支平衡体系是重商主义之后，欧洲国家最早公认的国际实物锚代币型贸易体制。当时的货币体制是实物锚代币时代项下以金本位为主导的黄金结算体制。

实物锚代币时代，国际贸易在双边结算时会呈现出如下三种关系之一：

1. 要么给定方是实物锚收付有余的顺差国；
2. 要么给定方是实物锚收付有缺的逆差国；
3. 要么给定方是收付既无余也无缺的平衡国。

故，实物锚时代（其中之一为金本位时代），国际贸易的逆差、顺差和平衡是关于公认的"实物锚"或本位金在贸易当事国之间的逆差、顺差与平衡。

那么，实物锚解体后，美元充当国际结算和储备货币时，国际贸易、国际资本和国际经济项下所发生的逆差、顺差和平衡，又是特指什么而言的呢？

2.0 破解美元内外比困境的储币税原理

给定美元作为全球唯一且实质性充当国际储备货币职能的货币，美元既服务于本国经济增长，同时也服务于国际经济增长。即，美元同时服务 $\sum USD\ (D\text{-}growth)_{n+1}$ 和 $\sum USD\ (I\text{-}growth)_{n+1}$。该国际货币型贸易体系便属于"国际主权锚储币体系"。

倘若存在美元在 $\sum USD\ (D\text{-}growth)_{n+1}$ 和 $\sum USD\ (I\text{-}growth)_{n+1}$ 之间需求强度彼此不同或估值有所差异的话，尤其当美国境外的美元需求高于本国需求时，美联储就必须实施竞争性的利率政策，或汇率政策或诱因政策才能使得美元自愿回流美国本土，从而服务美国经济。相反，倘若缺失这种诱因驱动的话，受海外美元需求易偏高的影响，不仅海外美元不会回流美国本土，甚至连美国境内的美元也倾向流出本土而流向海外市场。这种在两大经济体之间流入和流出的美元跨境流动性，在全球开放经济体项下是必然存在的。因此，当国际经济体使用美元的估值高于美国国内经济体使用美元的估值时，要么美元流出美国本土，要么美国货币管理当局就得制定更高的回流机制，包括但不限于利率机制等。唯如此才能使得美元愿意停留在美国为美国本土的经济增长提供服务，而这样做的结果将自动增加美国本土经济的资金成本。但这种诱因成本的付出，在米兰及其团队看来是不公平的，进而是有必要加以人为干预和实施治理的。

换言之，只要国际经济体对美元需求的估值高于美国国内经济体对美元需求的估值，"美元估值不均衡"的问题就会凸显出来。然而，米兰之"美元估值不均衡"仅只是美元内外比失衡困境的枝节。

2.1 是关税？还是"巴米税"？

2025年4月2日，在美国新政府策动的全球关税大战行动中，一个清晰无比的事实首先呈现了出来，那就是西方经济学已经彻底失灵，不仅对美国新政府的解放日行动毫无助力，而且使用传统经济学的"关税"概念和机制，已经给整个世界造成了普遍的误解。

依据巴菲特2003年在《财富》杂志上发表的深度关切文章和米兰于2024年11月份发表的《重构全球贸易体制：使用者手册》中的核心思想来看，所谓关税（Tariffs）并非通常意义上的"关税"，而主要是为美元充当国际结算和储备货币载体量身定制的。只可惜，巴菲特作为世界顶级投资者中的佼佼者，在阐述涉及经济学原理的议题时虽然直觉超强、思维敏锐，但表述欠佳，只属于业余级的理论表述者（恕此处坦诚直言）。因为，就双岛模型而言，巴菲特已经具备了充足的理由，将"Tariffs"一词直接上升为专用术语或缩写术语，比如Reserve Currency Tariffs，RCT。

因为，他已经意识到了，这种Tariffs及其关联效应是其他国家无法效仿的，只有充当储备货币的货币才配需要实施Tariffs机制。果真，由巴菲特作为始作俑者最先提出的Tariffs调节机制就应该是一种"巴菲特税"[1]，而非普通意义上的"关税"。

有鉴于此，美国新政府于4月2日开局，之后于4月10日草草收场的关税大战便可以断定是税制表述不清、问题不清、原理不清所带来的尴尬结果。无论如何，巴菲特和米兰在各自文章中都已经将美元霸权的皇帝新装戳穿了，都已经将其阿喀琉斯之踵暴露无余。美国霸权的庐山真面目已经大白于天下了，还需要躲躲闪闪的吗？

是时候了，该主动揭开美国霸权的遮羞布了。再不及时揭开的话，恐怕就来不及了。当然，世界也非常体量西方经济学的宦官之隐。

中国古语云：成也萧何，败也萧何。今日的美国最鲜活地印证了"成也美元霸权"，"败也美元霸权"的"萧何原理"。

不难觉察，美元霸权的绝唱挽歌已经奏响。现在的问题是，美国与世界到底该如何理性地去对待已经身患绝症的美元霸权呢？

为此，本书主张，首先需要揭示清楚"巴菲特税"作为一种新原理是如何试图拯救美元霸权的。即，从巴菲特2003年的文章以降，到米兰"重构全球贸易体制"的报告，他们的共同梦想都是企图依托"巴菲特税"和"米兰税"（合称"巴米税"）来永保美元继续拥有国际储备货币的垄断地位，同时仍可延续"浪费岛"不劳而获的旧梦想。具体的方略便是巴菲特最先洞见的Tariffs之ICs机制（"巴菲特税"）。米兰之后，可以统称为"巴米税"机制了，即在确保美元充当国际储备货币不变的前提下如何破解"美元内外比困境"的巴米税战略。

不言而喻，巴米税战略有两种实施路径：第一种，美国自主操控的单边主义路径（美国新政府正在尝试的瞒天过海大布局）；第二种，以多边协商方式达成全球共识或部分国家共识下的"巴米税协定"。

换言之，无论最终的路径如何，给定美元霸权式国际货币体制的安排，"巴米税"都已经成为了拯救美元霸权的唯一选择和制度机遇。

除非引入美元霸权（独家垄断国际储备货币地位）以外其他类型的国际货币体制新安排，否则，米兰就只能依靠"巴米税原理"来实现其全球重构计划的新梦想了。

2.2 国际主权型储备货币的三级逆差原理

继巴菲特2003年11月在其文章中发现了国际贸易赤字不断积累而能够导致美国国家净资产流失的潜在危机后，米兰在其

2024年11月发表的《重构全球贸易体制：使用者手册》中又进一步发现了：国际资本账户赤字和美元充当国际储备货币也发生储币赤字的三重赤字结构。为此，米兰这样论述道：

> 答案在于：至少存在两种货币均衡概念。第一种根植于国际贸易模型。在贸易模型中，货币在长期内会通过汇率调整实现国际贸易的平衡。如果一国长期保持贸易顺差，它就会因出口商品而获得外币，再将外币兑换为本国货币，推动本国货币升值。这个过程会持续到本国货币升值到足以使出口减少、进口增加，从而实现贸易平衡为止。另一种均衡概念是金融均衡，它源于储户在不同国家之间选择投资产品。在这种均衡中，货币（汇率）调整的目的是让投资者在风险及收益调整前提下，对持有不同货币计价资产保持无差异。

显然，米兰没能精准认知到的是，美元充当国际储币在国际贸易、国际资本和国际货币三大增长领域，其实都会发生逆差或赤字，即，给定美元所推动的两大经济体：美国国内经济体和美元国际经济体，

$$\sum USD\left[(T+C+G)/D\right]_{n+1} 和 \sum USD\left[(T+C+G)/I\right]_{n+1}$$

两者之间必然存在着增长态势的如下三种动态关系：

$$\sum USD\left[(T+C+G)/D\right]_{n+1} <=> \sum USD\left[(T+C+G)/I\right]_{n+1}$$

于是，当 $\sum USD\left[(T+C+G)/D\right]_{n+1} > \sum USD\left[(T+C+G)/I\right]_{n+1}$ 时，表现为美国国内经济体的增长率大于国际经济体的增长率，定义为国内经济体有剩余或有顺差。当 $\sum USD\left[(T+C+G)/D\right]_{n+1} < \sum USD\left[(T+C+G)/I\right]_{n+1}$ 时，表现为美国国内经济体的增长率小于国际经济体的增长率，定义为美元国内经济体对美元国际经济体的逆差。而当 $\sum USD\left[(T+C+G)/D\right]_{n+1} = \sum USD\left[(T+C+G)/I\right]_{n+1}$ 时，表现为美国国内经济体的增长率与国际经济体的增长率相等效，定义为系两个经济体之间的增长是均衡的。

那么，为什么没有发生直接交换的两个经济体之间也存在逆差、顺差和平衡关系呢？为此，让我们作如下展开：

$$\sum USD\left[(T+C+G)/D\right]_{n+1} = \sum USD\left[(T+C+G)/D\right]_{n}$$
$$+ \sum USD\left[(T+C+G)/D\right]_{\triangle}$$

即，只要两大经济体都能带来有效增长，则必然会带来美元之增量的同步增长。给定如此，两大经济体对美元的需求和创造只要不相同，便会导致美元在两大经济体之间被高估或被低估的根源性生成。

有鉴于此，美元国内经济体呈现顺差时，美元充当国际储备货币就是高枕无忧的；呈现平衡时，则处于安全警戒线之内，仍然可以高枕无忧。呈现逆差时，美元充当国际储备货币的警戒线就会开始预警和报警。当逆差处于高位时，美元充当国际储备货币的警戒线不仅会触警，而且可能导致警戒等级的不断攀升，直至最高级别，最终敲响美元霸权深陷危机的警钟。

由此可见，调整逆差的根源不仅只在国际贸易领域，也不仅只在国际资本领域和国际货币领域，而是在"美元内外比整体失衡"的所有方面，故"巴米税"方案依然没能看清"整体失衡"的困境根源之所在。

2.3 全球主权型储备货币体系的绝对困境

在实物锚代币解体的时代，任何主权货币一旦既充当主权货币、同时又充当国际结算货币、国际资本货币、国际本位货币，统称国际储备货币时，那么成为了国际储备货币（以美元为例）所服务的两大经济体之间就无法摆脱如下的双经济体关系和三态结构，即：

$$\sum USD \, [(T+C+G)/D]_{n+1} + \sum USD \, [(T+C+G)/I]_{n+1}$$

其中，

$$\sum USD \, [(T+C+G)/D]_{n+1} = \sum USD \, [(T+C+G)/D]_{n}$$
$$+ \sum USD \, [(T+C+G)/D] \, \triangle$$
$$\sum USD \, [(T+C+G)/I]_{n+1} = \sum USD \, [(T+C+G)/I]_{n}$$
$$+ \sum USD \, [(T+C+G)/I] \, \triangle$$

给定如此，该国际储备货币所服务的双经济体之间必然存在如下关系——而这种关系即使不以双边交换的形式出现，也会直接影响到双经济体项下各种经济要素之间的交换关系，从而引发包括但不限于国际贸易、国际资本和国际本位货币机制等一些列跨国要素交换关系的发生，最终传递到双经济体之间三态变化的原理之中：

$$\sum USD \, [(T+C+G)/D]_{n+1} <=> \sum USD \, [(T+C+G)/I]_{n+1}$$

上述表达式系任何主权货币一旦成为国际储备货币便即刻会具有的内生性双经济体三态结构。

同时，由于所有的货币型经济都是内生性的增长型经济体，任何双经济体也都必然是增长型的双经济体。给定如此，双经济体之间发生不均衡的情形也都是内生性存在的。一旦发生不均衡，无论国际经济优于美国国内经济或相反，美元在双经济体之间都会跨境流动。

给定如此，双经济体之间的关系必然存在如下定律：

1.任何小国经济体的主权货币是不具备充当国际储备货币条件的。只要$\sum M_x[(T+C+G)/D]_{n+1}$的初始体量太小，它就难以服务$\sum M_x[(T+C+G)/I]_{n+1}$之经济体，除非在$\sum M_x[(T+C+G)/D]_{n+1}=\sum M_x[(T+C+G)/D]_n+\sum M_x[(T+C+G)/D]_\triangle$中，$\sum M_x[(T+C+G)/D]_\triangle$以增量方式的增长远大于$\sum M_x[(T+C+G)/I]_\triangle$的增量增长。唯如此，小国货币才有机会充当国际储备货币。例如，在地理大发现之后，西班牙曾经有过的帝国辉煌。[2]

2.大国货币充当国际储备货币的条件相对而言最佳，尤其当其持有的初始$\sum M_x/D_n$远大于$\sum M_x/I_n$时。二战结束后的美国就是典型的真实案例（虽然涉及包括安全困境和实物锚代币等因素的存在）。

3.既非大国也非小国的货币若想充当国际储备货币的话，相对而言初始条件就会变得不是主要的，即不主要看$\sum M_x/D_n$与$\sum M_x/I_n$相互比较的结果，而主要看$\sum M_x/D_\triangle$与$\sum M_x/I_\triangle$相互比较的结果。

然而，即便对大国而言，就算其主权货币成为国际储备货币的初始条件是具备的，但也存在如下增长关系。即，倘若 $\sum M_x [(T+C+G)/D] \triangle$ 增长与 $\sum M_x [(T+C+G)/I] \triangle$ 增长之比是边际递减的话，即：

$$\sum M_x [(T+C+G)/D] \triangle / \sum M_x [(T+C+G)/I] \triangle < 1$$

那么，大国主权货币充当国际储备货币的初始条件也会逐渐转化为像小国主权货币充当国际储备货币时一样的初始条件。

有鉴于此，给定双经济体，如何选择其中之一的国家货币来充当国际储备货币的问题，就是有章可循，有原理作保证的。

由于所有货币型经济均系增长型经济的约束，因此任何国际储备货币所服务的双经济体都不仅存在着初始关系的对比优选问题，而且还存在着增量关系的动态对比，即如下三种增量关系的动态对比：

$$\sum M_x [(T+C+G)/D] \triangle / \sum M_x [(T+C+G)/I] \triangle <=>1$$

由此，我们便可以得出结论：只要国际储备货币服务的双经济体之增量关系在边际上是国际经济体的大于国内经济体的，国际经济体对该储备货币的贡献和需求在总体趋势上必定会逐渐大于储备货币所服务的国内经济之贡献和需求。其结果就是,国际经济体以储备货币方式所形成的所有权财富总量就会大于国内经济体所对应的总量。

显然,这便是巴菲特所担忧的美国净资产流失困境的核心根源之所在;当然,也是米兰所担忧的核心困境之所在。不难发现,在困境问题上,米兰并没有任何新的洞见和贡献。

那么,此困境是否就是主权型储备货币体系的绝对困境呢?

非也,远非如此。

由于实物锚代币体系解体以降,货币型经济的增长仍然需要货币增量的同步增长。故,如何进行货币增量的创造和供给,才是问题的真正结症之所在。

该问题是远比巴菲特所发现的困境根源和米兰所阐述的困境根源深刻得多的"货币锚黑洞困境"之所在。

这是一个远比英式央行体制项下FRS困境更为棘手的真正困境。因为,此时FRS困境已经在悄然之间转化为了NRS困境,即"零准备金困境"。换言之,央行发行基础货币的锚,此时消失了。

怎奈,在人类历史长河中,有大量的认知最终被发现都是错误的,且付出的代价有时是巨大的。关于货币的认知就正在验证如此。

由于拥有5000年之久的实物形态货币自1971年8月15日解体以降,在经过了一段摸着石头过河的盲探索之后,以美联储为

第二章 美元霸权的失衡困境与储币税原理

领导者的中央银行体制最终找到了可以将国家主权货币具体锚定为以"国债锚"为基础的新型货币体制。至此所有央行发行货币都是"国债锚货币"了，在美国即为"美债锚美元"体系了。如此一来，凡涉及基础货币发行的疑难或困境都随之获得了"破解"，表面上可以安枕无忧了。

事实上，自1971年8月15日以降，实物锚解体后的各国货币体系，以美元为例，都已经转换成"美债锚货币体系"了。也正因如此，美债才成为了全球金融市场上最可信的避险资产。

这意味着，当今的美元根基系美元债务，只不过到期美债是需要偿还的。这个由西方经济学认知错误所导致的残酷事实便这样成为了所有问题的真正困境之所在：债务型货币是没有未来、是不可持续的。

换言之，在美元服务的双经济体项下，国际经济体借增长所获得的财富增量体现为所有权项下的净资产，但储备货币国，以美国而论，其本土经济所获得的财富增量在体现为所有权项下的净收益的同时，还是要偿还"到期美债锚之国债"的。这便是美元作为储备货币在服务两大经济体时所潜藏的重大不同和担当全球货币公共品的职责代价。

不仅如此，关键是：美国不仅要偿还自身所用美元的到期美债锚，还要为国际经济体使用美元偿还到期的美债锚。这层根源，迄今为止始终躲藏在庐山真面目的背后未被西方经济学和西方货币学所认知。这种认知失误不仅令美国痛苦难堪、也令各国不知所措和被动受欺。由此可见，美国遭遇的美元霸权困境不单单是美国的国家困境，也是人类开展国际经济所面临的共同困境。

毋庸置疑，如果说美国刻意追求美元霸权至高无上的话，上述的"美元锚债困境"就会自动成为美国国家的单边主义困境。

如果美国愿意与世界各国共同追求更加合理的破解之道的话，则当前的美元困境就是人类共同的多边困境和多边主义困境。

尤其是，当全球经济总量持续增长时，该困境的维系难度和破解难度会越来越大，且更加凶险。

一言以蔽之，以债务为根基和导向的美元货币体系才是当今美元霸权遭遇绝对困境的根源之所在。故，美元主导双经济体背后的三层逆差根源仅只是其表象根源，债务锚的困境才是绝境困境的真正结症之所在，随货币经济的不断增长而持续恶化。

由此可见，要想真正一劳永逸地破解掉导致三层逆差持续性存在的核心困境，就必须将专注点从现有的问题上转移到"美元锚债黑洞困境"的真正破解上。否则，美元体系只会越陷越深，无法自拔。

毋庸置疑，问题已经大白于天下。只剩美国到底选择怎样处置的抉择了。如果继续选择将美国的国家利益置于世界各国利益之上的话，"美元+安全"的保护伞策略是否可行就看美国精英豪赌后的运气了。因为，更优的货币锚原理及制度安排已经唾手可得。

如果向货币力量本身妥协的话，美国困境就会有一个十分良好的多边解决之道。否则，就是巴米重构背后的豪赌新梦想。

2.4 全球重构计划与储币税原理

米兰重构计划的核心是：确保美元霸权能够继续被美国独家垄断所拥有，即使它已经四面楚歌、摇摇欲坠。

故，如何修复和进一步完善美元霸权，而不是变革或彻底重构国际美元锚货币体系，才是米兰重构计划的底层逻辑和主要宗旨。

可多少令人纳闷的是，为什么即使面临了如此严峻的挑战，美国依旧祈求独霸国际储备货币体系呢？

显然，国际主权锚储币体系系潜藏着印钞税的巨大利益，不仅是一种经济利益的更优追求，更是政治利益和权力政治的最优护身符。即，拥有可统领国际结算货币、国际资本货币、国际本位货币之储备货币的主导权乃是拥有了一种特权，一种可以借储备货币对其他国家实施单边暴力的垄断权力：迫使其他国家去做即使自己不愿意去做但只要有利于美国国家利益也必须得做的权力，从而可以追求权力政治的利益最大化。唯在货币垄断中，权力政治才最容易追求利益最大化。

那么，如何去修补和进一步完善已沉陷绝境之中的美元霸权呢？

从巴菲特到米兰，他们的基本共识已经明朗，即解救的路径已经清晰可见，那就是将美国的三级逆差（贸易逆差、资本逆差和本位币逆差）统统归结为国际经济体对美国经济体的逆差，然后调整为平衡或趋于平衡。亦即，美元服务美国经济体的所得收入与美元服务国际经济体的所得收入相比，虽然越来越少，且最终可导致国际经济体的美元所得将美国经济体的美元所得之净资产购空，但实施"巴米税"若能成功的话，就可遏制住这种趋势的发生。

所以，国际贸易关税远不是米兰重构计划的终极目的。相比之下，将国际经济体的美元所得，无论自愿还是被迫，一律限制在总规模不能超越美国之美元所得的总平衡项下，才是米兰全球重构计划的亮剑所指。

正是这种意在调整美国美元所得和国际美元所得之总规模失衡向有利于美国所得总规模保持大于或不小于国际所得总平衡的策动，米兰才让世界看到了除关税外，一系列美元所得调整的配套型策略。

米兰坚信：即使白抢全世界，只要理由系服务美国经济体又服务国际经济体且有助于美元霸权摆脱困境,就都属于公平与正义。如果不能成功迫使各国白白交出从国际经济中所获得和未来仍能够获得的美元收入中一部分的话,美国将有权对世界各国实施恐吓制裁。

换言之,美国新政府追随巴菲特和米兰所担忧和诉求的终极目的可表述为如下命题,即给定:

$$\sum USD\left[(T+C+G)/D\right]_{n+1} <=> \sum USD\left[(T+C+G)/I\right]_{n+1}$$

美国意在确保其中仅只一种或两种制度效果可以发生:

$$\sum USD\left[(T+C+G)/D\right]_{n+1} => \sum USD\left[(T+C+G)/I\right]_{n+1}$$

或:

$$\frac{\sum USD\left[(T+C+G)/D\right]_{n+1}}{\sum USD\left[(T+C+G)/I\right]_{n+1}} =>1$$

如此,美元霸权就可以高枕无忧了,就可以继续享受美式生活了。不无遗憾的是,美国又如何能够实现这种美国梦之后的新美国梦呢?毕竟,要想确保上述两种制度效果的发生,仅靠"巴米税"是远不够的。

为此，巴菲特，不愧是世界上首屈一指的投资家，尤其是股票价值的投资家——专业与股票价值打交道的投资家，远比西方经济学家的认知精准百倍，从一开始就摆脱了经济学家们只能借第三方观察者方法论才可认知经济运行原理所杜撰的远离真实世界的空洞概念。

巴菲特发现了所谓"关税"（Tariffs）的妙用。在2003年的文章中巴菲特想到了，确实也仅只想到了如何在美国出口商和其进口商之间调整国际贸易逆差困境的对策，而没能像米兰一样将美国的逆差所得从贸易领域扩张到资本开放领域，乃至本位币领域等所有涉及逆差的全方位领域之中[3]。

巴菲特的"Tariffs"之ICs策略是可以有效破解由他所发现的贸易逆差之困境的。但米兰的全球重构计划则发生了重大的转变。他不仅想要调整国际贸易所得失衡的难题，而且意在调整包括但不限于国际贸易逆差、国际资本逆差、国际本位币逆差等均在其中的所有逆差。即，米兰方案是一个一揽子解决所有逆差困境的整体方案。

为此，米兰引入了一个货币对冲关税的新方案。在其报告第三章，关税大标题下，第一小节便是"关税与货币抵消"。这是一个超级大胆的方案，一个只有主权货币充当国际储备货币且该主权货币所服务的双经济体已经逆失衡（国际经济体的储币所得大于本国经济体的储币所得）时才具备实施条件的大胆方案，即用储备货币的购买力来对冲关税负效应（通胀及物价升高）的大胆方案。

那么，在米兰方案的背后，存在有经济学原理吗？

根据广义货币经济学原理，答案是肯定的。

根据广义货币经济学原理，任何货币型经济体在带来财富增量增长的同时，也会同步带来货币自身增量的增长。鉴于：

$$\sum USD\left[(T+C+G)/I\right]_{n+1}=\sum USD\left[(T+C+G)/I\right]_{n} +\sum USD\left[(T+C+G)/I\right]\triangle$$

只要 $\sum USD\left[(T+C+G)/I\right]\triangle$ 有正值增长，则必然对应美元的增量供给。但每个国家都受双增长的约束，因此在实践中，当事国会把 $\sum USD\left[(T+C+G)/I\right]\triangle$ 正值增长所对应的货币增量增长，借助汇率先转化为国家主权货币，再体现为本币的增量增长。

换言之，$\sum USD\left[(T+C+G)/I\right]\triangle$ 有正值增长之后，其对应的货币增量增长面临两种选择：1.直接由美元来获得增量增长；2.由美元借助汇率转换为本币，再由本币获得增量增长。

为此，我们特将国际经济增长带来两种不同货币增量增长路径，即本币路径和储币路径的原理，称为"货币增量权原理"[4]。

对"货币增量权原理"而言，米兰的认知虽然有所不同，但其焦点已经触及该原理的外围了。在《重构全球贸易体制：使用者手册》的第二章，基础理论部分中，米兰阐述道：

> 作为全球储备资产生产国，其更加显著的宏观经济后果在于，对美国资产的储备需求会推动美元升值，使美元汇率远高于长期内实现国际贸易平衡所需的水平。根据国际货币基金组织的数据，全球官方手中持有大约12万亿美元的外汇储备，其中大约60%配置为美元——实际上，由于准官方和非官方实体也为了储备目的而持有美元资产，因此美元储备规模远大于官方统计数字。
>
> 显然，7万亿美元的需求足以在任何市场上产生显著影响，即便是在流动性极高的货币市场中也是如此。作为参照，7万亿美元大约相当于美国广义货币供应量（M2）的三分之一；由此建立或解除的持仓波动显然会对市场带来重要影响。如果说美联储在其资产负债表上出于货币政策而非投资目的购买的数万亿美元的证券已经对金融市场产生了某种效应，那么如果其他国家的资产负债表上存在着数万亿美元，且同样是出于政策而非投资目的由外国央行购买的类似资产，其效应也必然存在。

由于各国部分是为了抑制本国货币升值压力而积累储备，因此美元汇率与全球储备规模之间存在着同时性的负相关关系。当美元贬值时，各国积累美元以压低本币，从而使储备水平上升；反之，当美元升值时，储备水平则倾向于下降。

尽管如此，自1982年以来，除了1991年的两个季度外，美国一直运行着经常账户赤字。半个多世纪以来，经常账户除了极短暂的时期之外始终无法实现平衡，这表明美元并未发挥平衡国际贸易和收入流的作用。

换言之，各国都在关注自身主权货币的购买力变动议题。由此可见，在开放经济体项下不仅$\Sigma USD[(T+C+G)/I]\Delta$的正值增长会带来货币对应增量的相应增长，而且在开放经济体项下，由于"货币增量权原理"的真实存在（米兰未能认知到他所描述的操作在本质上其实属于货币增量权的范畴），这种货币对应增量的实际增长是有两种路径的：有时选择增持储备货币，有时选择减持储备货币，以便维持自身本位货币在汇率、币值及国内市场物价方面的稳定性。这便是"货币增量权原理"的核心价值之所在。

换言之，给定开放经济体，每个国家都被迫直接面对凯恩斯三角不可能的困境，且不得不动态实施主动性的必要干预和应对处理。

面对"货币增量权原理",国际开放经济体早就主动沿着两条路径在同时处理了:即,在 $\Sigma USD[(T+C+G)/I]\triangle$ 的正值增长带来货币对应增量的不同增长选择议题上,原则上只有三种处理机制:

1. 全部以储备货币的方式给予增长;
2. 将储备货币增量收归后全部兑换成本位币来支撑国内经济;
3. 将储备货币增量分1和2两种路径同时对应增长。

这便是"货币增量权原理"在现实中的真实演绎,是各国捍卫汇率、捍卫自身主权货币之整体购买力合法权力的真实操作。

那么,"货币增量权原理"的存在和实际操作对充当国际储备货币的美元和美国会有什么影响吗?[5]

显然,影响是巨大的。因为,任何接受了美元作为国际储备货币的国家在行使"货币增量权原理"时,其实质都是在处理本国货币与美元之间购买力的关系。这便是问题的核心之所在。

换言之,由 $\Sigma USD[(T+C+G)/I]\triangle$ 的正值经济增长所带来的货币增量的对应增长,借助"货币增量权原理",国际经济体项下任何国家都有权主动去操作美元和本国货币之间整体购买力的平衡关系或顺逆差关系[6]。亦即，在全球开放经济体制下，"货币增量权原理"的存在已经不容忽视，不是自由浮动汇率体制所能替代的。

这清晰地表明：在储备货币和本国货币之间进行整体购买力互换是完全可能且具备统一基础的，都是由 $\Sigma USD \left[(T+C+G)/I\right] \triangle$ 的正值经济增长所支撑和约束的，同质性基础和统一性基础一应具全。

为此，我们特将"储备货币和本国货币互换"系具有同质性基础和统一性基础的原理，称之为"储本币互换的广义货币学原理"[7]。

在此，有必要立刻指出的是，"储本币互换的广义货币学原理"并不必然可以直接延伸到任何两个国家之间的货币互换。否则，就没有国际储备货币存在的必要性了。

无论如何，以 $\Sigma USD \left[(T+C+G)/I\right] \triangle$ 为依托，美元的购买力和美元作为国际储备货币之接受国本币之间是存在互换关系的，至少是存在一定规模意义上储本币之间互换关系的。

给定如此，美国作为国际储备货币的供给国若以强行征税的方式将 $\Sigma USD \left[(T+C+G)/I\right] \triangle$ 的正值经济增长所带来的货币增量所得中的一部分划归给美国联邦政府的话，合理及正义与否是一回事，但根据广义货币经济学原理，其可行性是成立的，且具备可操作性。

换言之，给定"储本币互换的广义货币学原理"，以美国征税方式来调整和改变美元储备货币和其使用国本币之间币值关系，在原理上是完全可行的。为此，我们特将其称之为"储币税原理"[8]。

给出上述分析后，我们已经可以清晰地发现，"储币税原理"如同国内所得税一样，是一种纯粹的所得再分配税制和社会原理，既不是所谓"关税"，也不是"巴米税"。因为，任何"关税"的核心都是成本机制。而"巴米税"虽不能简单地归结为成本税，但其本身首先以"成本税"的主体面貌被呈现了。故能否通过储币与"巴米税"之间的复杂对冲最终实现税赋属性的转换是不确定的。即，实施关税或"巴米税"是会带来物价及通胀等一系列外部负效应的伴随性发生的。相比之下，储币税是直接与赋税国打交道的，是不涉及税赋从成本税向所得税之税赋属性的转换的。

此外，"储币税原理"也不同于"铸币税原理"，与货币发行及其面值之间不存在任何关联。

当然，一旦实施储币税，即无论将储币税作为一种强制型的制度安排还是自愿型的制度安排，前者为"朝贡型储币税"，后者为"救助型储币税"，只要嵌入到国际体系之中，其影响都将是异常深远的，前者甚至会彻底颠覆迄今为止的整个联合国多边主义根基。

如果前者成功，美国将由此成为人类历史上第一个储币税的朝贡帝国，而由联合国主导的平等型主权体系将随之彻底瓦解。当然了，在其中，美元霸权的失衡根源也将随之被彻底根除。当前的国际体系由此会走向单极化，走向由美国和美元一极独霸的单极世界。若后者成功，美元霸权体系离变迁为新型国际储币体系就不远了。

只要揭开米兰在《重构全球贸易体制：使用者手册》中所建议和主张的关税策略背后的庐山真面目，即实则为储币税原理的真面目，美国新政府的终极企图就会昭然若揭，大白于天下。

虽然储币税原理是客观的，但其梦想若企图偷袭一套单极世界的美式零和体系，与人类阔步迈向共赢繁荣的历史潮流背道而驰的话，则是痴心妄想。无论如何，美元霸权的困境是可解的，但必须得顺应人类共赢繁荣的历史大方向；否则，必将搬起石头砸自己的脚。

2.5 破解美元内外比困境之估值失衡的储币税原理

毋庸置疑，任何国家的主权货币一旦充当国际贸易的结算货币和开放型国际经济的资本货币及本位货币，则必然会遭遇如下经济结构的制约，即储备货币必须同时服务国内和国际之如下两大经济体：

$$\sum \text{USD}(\text{D-growth})_{n+1} + \sum \text{USD}(\text{I-growth})_{n+1}$$

给定如此，两大经济体项下对美元需求的强度，整体而言是会有所不同的。这种情形即使对任何国家的国民经济体而言都属于常态。例如，中国沿海地区的经济相对发达，而内陆省区，如宁夏、青海等的经济相对欠发达。故，两类地区对人民币需求的强度就会有所不同。事实上，在人类历史进程中，现代银行的功能之一就是破解这种现实存在和困境的。换言之，在主权国家的内部，这种情形只要依靠银行借贷的统一市场制度安排，就可以给予有效的应对和破解了。

但是，上述相类似的情况当扩展到国际货币体系时，尤其扩展到1971年实物锚解体之后美元充当国际资本货币的时代，就大不相同了。此时，美国为了维系美元充当国际储备货币的垄断地位，在国家负债、贸易逆差、产业空心化等众多领域都呈现出了越来越高的风险和代价，以至于美元继续充当国际储备货币的净收益甚至趋于为负的态势下，若仍不及时调整的话，其结局要么美元储币体制必遭解体，要么美国必遭净资产为零，甚至为负的亡国挑战（巴菲特，2003）。

所以，借助储币税分配机制来调整两大经济体之间的估值失衡，已经成为米兰希求借"巴米税"路径试图有所作为的第一个领域。

2.6 破解美元内外比困境之比例失衡的储币税原理

给定美元服务于 $\sum USD(D\text{-}growth)_{n+1}$ 和 $\sum USD(I\text{-}growth)_{n+1}$ 两大经济体的事实和现行国际体系的制度约束，两大经济体之间就会存在如下三种比例关系：

$$[\sum USD(D\text{-}growth)_{n+1}] \; / \; [\sum USD(I\text{-}growth)_{n+1}] <=>1$$

在早期，$\sum USD(D\text{-}growth)_{n+1}$ 注定大于 $\sum USD(I\text{-}growth)_{n+1}$，但发展到一定阶段，$\sum USD(I\text{-}growth)_{n+1}$ 注定大于 $\sum USD(D\text{-}growth)_{n+1}$ 的趋势就会呈现出指数级的增长。毕竟，美国的国内经济增长在全球经济增长中的占比越来越小的趋势系刚性事实。

因此，美元服务的两大经济体的增长比例失衡是一种无法阻挡的历史大趋势。如此，两者对美元的需求，无论在规模上还是强度上都会呈现出差别。这意味着，仅只调整美元估值关系不足以确保美元霸权体系的安全边界和可持续性。故，调整美元所服务的两大经济体之间占比差异（二阶调整）和美元增量规模的经济增长率也是必要的。

至此，依据储币税原理，需要调整的第二大领域就是两大经济体之间所持美元占比的安全阀值。否则，假以时日，整个美国仍将可能被国际经济体的顺差积累所购买掉（巴菲特的主要担忧之所在）。

于是，我们可以看到，在全球重构协议中米兰的方案是直奔主题的。即，如果不调整全球的顺逆差积累规模，美国的国家安全是会受到实质性挑战的。这种对全球顺逆差危机的紧迫感正在美国肆意弥漫。换言之，调整美元储币所服务的两大经济体的增长规模或增长率已经迫在眉睫、不仅对美国是必要且不可替代的，对整个世界同样如此。

2.7 破解美元内外比困境之储币对冲的储币税原理

无疑，实施全球关税大战而不允许其他国家实施关税的反制措施，是本届美国新政府按米兰重构方案推行解放日行动以来最值得汲取教训的苦涩败笔。

换言之，从一开始美国政府就不该将此次行动定性为"关税大战"，而应积极主动将其定义为"美元充当国际储备货币"遭遇危局困境后的储币税行动。如此，无论中国还是欧盟或其他国家都会认真审视而选择共同应对的。当然，前提是美国愿意与世界分享美元储币地位的。唯如此，就不会造成当前这种被整个世界严重误解的尴尬局面了。

为此目的，美国政府有必要耐心阐明：引入和实施储币税是如何可以有效化解美元充当国际储备货币遭遇困境而损害全球公共利益的。显然，不这样做的话，例如在米兰的重构方案中，美国设置关税（实为"巴米税"）机制后，就会引起如下一系列后果的发生：

1.一旦引入进口关税（实为"巴米税"）就会首先增加美国进口商的关税成本（为此，美国进口商会与国际贸易出口商进行协商、试图分摊这种成本）；

2.美国消费者会承担因政府引入关税所得（"巴米税"）而新增的转嫁成本；

3.美国联邦政府因此会获得全部新增关税所得（"巴米税"所得）之收益；

4.美国联邦政府会择机和视实际效果降低或减免国内收入之所得税比例；

5.由于消费端成本被推高的缘故，出口到美国的贸易规模会降低或因美元被美国政府故意操作汇率升值而出口增加；

6.美国政府会利用美元主导权操纵美元升值来对冲关税（"巴米税"）带来的高成本效应，甚至确保美国消费者群体拥有更高的美元净购买力；

7.全球出口商和出口国从美国获取贸易逆差的所得被美元"巴米税"分利回流；

8.有效实现了美元内外比之困境在估值和占比双失衡方面的

暴力式调整；

9.这种巴米税机制一旦常态化，美国便可以一劳永逸，永享巴菲特所暗示的浪费岛的美好生活了。

10.如此，美国净资产的流失黑洞现象和困局也就随之得到缓解、甚至被有效化解了。这便是米兰口中所谓的国际贸易体系的公平重构。

如此一来，维系美元充当国际储备货币地位的上述"巴米税"策略，站在美国的立场上，即使能够成立且可以自圆其说，但其零和原理，仍系一目了然。为此，巴菲特在2003年的文章中自辩道：不如此的话，难道说世界还有能力或还可以摆脱掉美元的存在吗？

毋庸置疑，为了化解今日美元霸权体系遭遇困境而实施"巴米税"，无论对美国而言还是对世界而言，与导致美元霸权真解体相比，都是更优的选择。这便是巴菲特和米兰，乃至整个美国新政府，自信推动"美元巴米税"国际体系重构的核心动力之所在。

当然，这完全是一厢情愿的自作多情。因为，就建构更加公平的国际储备货币体系而言，除了美元霸权体系之外，还有多种可供选择的路径已经成熟。退一步说，当只有当所有选项与美元霸权体系相比更不占优时，接受美元霸权以及为确保美元霸权的有效运行而选择"巴米税"机制和相关的制度安排，才会成为世界的最后理性共识。

在此之前，美国试图仅凭政治暴力就想单边迫使整个世界接受其征收"巴米税"的话，将无异于白日做梦，根本行不通，因为还存在着远比美元霸权更优的普适性替代方案。

2.8 美国征收关税或"巴米税"的对华影响

在《重构全球贸易体制：使用者手册》报告里，为了阐述和证明关税原理（"巴米税原理"）对美元霸权的有效性，米兰特别强调道：

> 关税可以提供财政收入，并且如果通过货币（本币币值）调整来抵消，其对通胀或其他不利影响可降至最低，这与2018—2019年的经验相符。虽然货币调整可能会限制对贸易流量的调节，但这表明关税的最终出资方是被征税国，其实际购买力和财富因此下降；而增加的收入则有助于在储备资产的供应中实现成本共担。

显然，米兰关于"这表明关税的最终出资方是被征税国"的结论过分简单、过分粗暴了。以本轮关税战事件中的一间位于内蒙古自治区赤峰市的中国公司为例，让我们一起来看看实际情况是如何演绎的。公司全称：金河生物科技股份有限公司，金河生物（002688），中国A股的上市公司。该公司闻讯美国加收34%的进口关税后，不仅不与美国进口商妥协关税的分担事宜，而且直接上调了30%的出口报价。此外，大疆Mavic3Pro在美国官网的售价也从13888元飙升至18500元，涨幅达33%。这两个鲜活案例都说明，若征收关税（巴米税），到底能否最终转嫁给出口商并非必然，将取决于国际贸易的结构，即，从买方市场到卖方市场，决定贸易交换剩余的市场力量是不尽相同的。仅凭2018—2019年的经验数据是完全不能得出理论性结论的。

换言之，以关税的方式来协助美国转移性削减其国际贸易赤字的效果是否一定导致被征收国来支付的问题，绝非定论，绝非米兰所说。

就粗线条而言：贸易赤字可由成本型贸易、微利型贸易、正常型贸易、高附加值贸易和垄断型贸易五大类所构成。

给定如此，征收关税（包括"巴米税"）的直接结果是会把成本型贸易和微利型贸易首先逼上绝路的。这两大类贸易要么被市场出清，要么绕道其他国家去维系。以中国为例，美国实施关税（包括"巴米税"）的结果首先会将中国境内的两大类低端产业淘汰掉，造成相关失业和其资产的价值损失。当然，也有可能导致产品科技、制造工艺和产业升级等的发生。但对其他三大类相对高端贸易产业而言,最多会造成利润率降低,加大了投资周期的退出及其回收风险而已,却也可能增强了市场的价格竞争力,从而带来销售规模的扩张和攀升。

如此,凭什么说"巴米税"必定带来出口国货币购买力的降低呢?

无疑,中游出口贸易企业的利润率会因关税或"巴米税"的征收而受到影响,但其对货币增量的价值贡献因被美元结胡不会影响到人民币新增价值的积累。毕竟,中国存在外汇管制制度,所有创汇美元均会按照汇率无差别地经银行结算系统最终汇集到中央银行的外汇管理总局。换言之,出口产品的利润率对中国本币,人民币的增量价值贡献近乎为零,根本不影响人民币的整体购买力,仅在数量或规模上关联。对此,米兰也已经注意到了:只要不能从汇率上迫使人民币对美元贬值,人民币的整体购买力就不会因被征收"巴米税"而降低[9]。

如此,即便实施"巴米税",对中国而言,也不会造成被征税的负面效果[10]。相反,征收"巴米税"只会给美国带来生产力的加速落后。

2.9 美元储币对冲原理与国际开放经济体

毋庸置疑,借美元储币对冲关税来维系美元霸权是本次全球重构计划的核心支点。但这里其实潜藏了一个看不见的前置假定,那就是,美元储币对冲关税可以生效的前置条件是,国际经济体必须得是汇率开放的经济体;否则,储币对冲原理失灵。只能进行双边协商。

毕竟,储币国只要实施进口关税或"巴米税"的策略及其制度安排,那么,其国内消费市场遭遇货物趋少和价格趋高的通胀就容易发生。从另外的视角上看,也就是会造成消费者手里的货币私占购买力降低或受损。那么,又该如何予以补偿呢?

为此,米兰的方案是,以美元储币升值的方式让美国消费者群体在所持美元原有收入或所得不变的情况下,得到美元私占购买力的补偿——包括数量型购买力和种类型购买力的补偿。估计实施路径只能借助大型跨国采购的零售商来实现,否则,如何可以为之呢?

但问题是,储币对冲原理所要破解的核心议题是,关税或"巴米税"的最终负担者到底落在美国进口商阶层身上呢?还是落在美国消费者群体身上呢?显然,此问题至关重要,必须给予清晰的解答。

依据米兰的重构设计,操纵美元的定制升值是可以有效对冲掉因关税或"巴米税"的征收所引发的通胀和物价升高等负面效应的,但最终由谁来真正支付的问题依然悬而未解。对此,米兰认为是可以转嫁给出口商和出口国的。即,确保美元相对出口国被征收巴米税总额的美元汇率升值，或对方国本币的汇率贬值，是可以由出口国来最终承担实际支付的[11]。

给定如此，储币对冲原理能够生效的前置条件就是，国际经济体必须得是汇率自由开放的经济体，否则，无法借汇率机制或在汇率上带给出口国本币的贬值。

显然，这意味着，储币对冲原理对当前的中国就是无效或失灵的。一言以蔽之，只有通过对出口国本币的汇率贬值，借助储币对冲原理才能将"巴米税"的最终支付方转嫁给出口国[12]。

2.10 美元汇率升值对冲进口关税的储币税效果分析

在全球重构战略中，为了有效应对因实施进口关税所带来的通胀和消费者私占购买力的降低，米兰从巴菲特那里承接过来的储币对冲原理成为了整盘布局的关键。因为，储币对冲原理并非货币学原理，仅系储币学原理，只有一国的货币充当国际储备货币时才发生的原理。

当然，如果直接征收储币税就无需引入储币对冲关税的原理了。

那么，米兰计划中的储币升值又将如何操作或实施呢？

鉴于在汇率方面操作储币的升值潜藏有众多的路径可循，想操控储币币值相对消费者手里的私占购买力何时贬值何时升值，不仅难度巨大，甚至根本不可能，或其效果完全无法确定。

操作不当的话，导致消费者群体的私占购买力即便升值了却可能是错位升值，如此将会导致消费市场价格传导机制的扭曲，进而引发美国进口商的国际进口贸易订购也会跟随扭曲。一旦如此，反过来会刺激国际出口商新一轮出口和出口逆差的形成。如此，与实施关税的初衷将背道而驰。故"巴米税"方案的精准运作潜藏大量的不确定议题。

2.11 "巴米税"与储币币值之间的抵消假定

在"关税与货币抵消"的小标题下，米兰首先追问了如下一个问题：

> 关键问题在于货币在多大程度上调整以抵消国际税收体制变化。……传统上，货币调整以抵消关税变化的原因是关税改善了贸易平衡，从而传统上会对货币产生升值压力。但货币也可能会因以下原因而调整：
>
> 1.各国中央银行调整利率以抵消通胀和需求变化；
>
> 2.由于终端供应由比较优势决定，而终端需求则受偏好影响，货币币值也会调整以抵消类似税收的变化；
>
> 3.由于关税国的增长前景相对于被征关税国家改善，

从而吸引投资流入（只要关税不超过"最优"水平；下文会讨论）。

为了简化说明这一机制，设：
- px为外国出口商以本币计价的商品价格
- e表示汇率（以美元为单位的每一单位外国货币）
- τ为关税率

那么，美国进口商需支付的价格总和则为：

pm=e（1+τ）px

假设初始条件为e=1且τ=0。

政府对进口征收10%的关税，但外国货币同时贬值10%。此时进口商支付的价格变为：

pm=0.9×（1.1）px=0.99 px

换句话说，汇率的变化与关税几乎完全相互抵消。以美元计价实施关税后的进口价格没有变化。如果实施关税后的进口价格保持不变，对美国经济而言，其通胀影响就会很小（但对于出口国则不然）。

由此可见，米兰的推论隐瞒了一个重要的原理或潜藏了一个致命的瑕疵，即美国政府对进口产品征收10%的"巴米税"，为什么会导致出口国货币会由此同时出现伴随性贬值10%的可能呢？[13]

这种联系倘若不能成立的话,"巴米税"和储币币值之间的抵消关系还会成立吗?即"汇率变化与关税几乎完全相互抵消"还成立吗?

为此,米兰随后又进一步作了如下解释:

> 在这个简单例子的背后,有一些必须明确的假设条件:
>
> 1.汇率必须按照正确的幅度变动。
>
> 2.最终出口中的初级和中间增值主要来自出口国。
>
> 3.汇率变动对出口价格px的传递效应是完全的。需要注意的是,由于进口通常以美元计价,汇率变动并不会自动影响出口价格;相反,如果汇率没有传递到价格上,美元升值反而会改善出口商的利润率。
>
> 4.从批发进口价格到零售消费者价格的传递效应是完全的。

显然,这个简单例子成立的首要条件就是1:它要求国际经济体必须得是完备式开放型的。但在真实世界里,这又怎么是可能的?

按照米兰重构计划的逻辑,在美国进口商清关时,如果被引入"巴米税"机制的话,就必然会对被征收了"巴米税"的出口国的本币在汇率上造成汇价的同比贬值，同时造成储币供给国（美国）之美元本币的同比升值，从而可以抵消掉进口关税（"巴米税"）的征收。

即，"巴米税"生效前和生效后，出口国的出口商仍然可以保持着"巴米税"生效前的出口本币报价不变执行出口，但因美国政府实施了"巴米税"征收，导致美国本币在汇率上升值到了等效比值（此项逻辑的计算法另行给出）的新调整汇率，以便确保美国进口商清关支付了"巴米税"后所剩的较少总金额仍能确保其获得到与"巴米税"生效前同品质和同数量的进口标的物。

那么，在"巴米税"实施的过程中或前后到底发生了什么呢？第一，"巴米税"的征收所得被美国联邦政府占有且使用了；第二，美元在汇率上被假定会升值，导致被征收"巴米税"的出口商在汇率所得上减少等效量的创汇所得（即创汇所得减少了与"巴米税"等量的金额）。

只要上述两大事件以因果方式关联性发生的话，那么所有未能豁免被征收"巴米税"的国家之出口商就都将面临如下的新局面：第一，出口的本币成本和出口报价可以不变，但汇率因受"巴米税"的影响，美元储币会在汇率上等效量升值，导致出口商的储币创汇所得减少了与美国征收"巴米税"等额的数量或金额。

此原理，在米兰看来会确保美国的进口商仍需支付但只须支付与实施"巴米税"征收前完全相同的进口支付。只不过，其中的一部分将以"巴米税"的名义支付给美国联邦政府在海关的代收机构罢了，其余部分继续支付给与其发生国际贸易往来的海外出口商。

如此一来，"巴米税"便被储币的汇率升值所抵消，进而有效化解和消除了"巴米税"的潜在通胀效应和消费物价被抬高的担忧。换言之，此原理若真成立的话，"巴米税"的本质将远优胜于美元区的区内税[14]。

但是，这里潜藏了一个重大的疑难，即如何确保"巴米税"的征收可以精准地传递到每一特定的进口交易之中，且可以完美地将所有的原交易额拆分成可以确保众多进口商和出口商均无需重新议价便能使"巴米税"税率和储币汇率升值的比率之间保持一致呢？显然，这是不可能的。宏观的汇率操作虽然可能，若想确保宏观效果直接有效于美国进口商及终端消费者的无感效果，唯有引入操作函数才有可能。

如果不可微调的话，其效果是有待观察的。毕竟储币在汇率上的币值和储币在贸易上的价格之间是跨越宏观和微观的，是不可通约的两个领域。如此，怎样确保它们之间是可以相互等效和转换的呢？

有鉴于此，在关税与货币抵消的议题上，理论的进一步完善不仅需要时间，而且不可能一蹴而就，尤其当这些议题与进口国的消费物价密切关联时，此议题所潜藏的困境就会更容易凸显出来。设计一套进口价格和国内消费物价之间的关税对冲体系或许是破解此议题的可选之路，但最终效果如何，仍有待进一步的观察和再思考。

换言之，米兰在其重构梦想中的基本设想就是在美国的货物进口价格和美国国内生产及消费物价之间筑起一道有利于美国货币霸权的税制收割体制。传统上，引入关税机制的主要目的和目标都是为了改善国际贸易条件、保护国内相关产业发展及市场公平竞争等机制，但其负效应通常容易造成国内消费者物价的攀升、甚至通缩和输入型通胀等与主权本币体系相关的诸多波动。

怎奈，"巴米税"完全不同，其目的和目标十分明确：在维系美元霸权有效性，且极力遏制各种联动负效应的同时，"巴米税"体制力求从一开始就将赋税的主体转嫁给出口国（必然在形式上如此），再经由出口国在汇率上的本币贬值转嫁给其出口商企业，最终由出口国的本币贬值和出口商的利润收窄，及消费购买力的降低来共同支付。

借此种"巴米税"的税制原理，米兰等认为，可以为储币发行国的中央政府创造出新税种和新税源，从而在为美国联邦政府的财政困境带来丰富收入的同时，完成顺逆差调整。最为关键的是，一旦落实，"巴米税原理"将可以确保美元内外比困境变得适度可控，即 $\sum \text{USD}\,(\text{I-growth})_{n+1}$ 常态化不超越 $\sum \text{USD}\,(\text{D-}$

growth）n+1。如此，特里芬和巴菲特及米兰欲维系美元霸权可持续的新梦想就有可能借尸还魂。

2.12 关税原理与储币税原理

人类历史曾经存在过实物货币、实物铸币、实物锚代币和美元锚四大货币体系。给定这种历史与实证，人类的主要国际货币经验集中在实物锚代币时代关于国际货币体系的认知共同体中。但这种迂腐且过时的认知正极大阻碍着当前关于美元所主导的国际货币体系在呈现出越来越严重困境后到底该走向何方的中美博弈及全球共识。

毋庸置疑，美国作为主宰美元储币的主权国家拥有着相对独立的战略主导权。但因任何储币利益都与世界各国的命运直接相关联，故，美国要想以单边主义的政治优势再次强迫世界遵循美国第一来构建美元锚行将破产后的国际货币新体系的话，不取得多边主义的共识，还想效仿布雷顿森林体系解体式的单边违约，恐怕绝无可能了。

毕竟，迄今为止的美元霸权本来就是非法占有的，是以违约布雷顿森林体系协定的方式且以美国政府失信的破产方式盗取来的，并不具有国际共识的合法性。在此基础上，要想继续将破产事业推向更加破产的国际重构，不仅自不量力、更是搬起石头砸自己的脚。

事实也证明如此，美国新政府一开始就出师不利，从巴菲特在2003年文章中给出解决方案时首提"关税"（Tariffs）开始，到米兰在其《重构国际贸易体制：使用者手册》中延续巴菲特的"关税"武器，他们压根就没把世界各国的切身利益放在与美国利益平等的地位上加以考虑，而是不顾他国利益地追求美国利益第一、美国利益唯一，以此试图重构由美元霸权继续主导国际体系的旧秩序延续。

可惜的是，他们完全没有意识到，关税原理和储币税原理彼此间存在着重大不同。换言之，关税首先是国内税，而储币税是国际税，后者只有储币主导国方可行使，其他主权国无法效仿。

不仅如此，关税在原理上是成本税，而储币税则是其他国家收入的跨国分配税。关税由本国政府即可抉择。但启动储币税则必须接受其他国家的认同方能实施和执行；否则，违法且无效。

鉴于关税和储币税所服务的目的和目标截然不同，导致两者应用的范畴更加截然不同。事实上，储币税是更加广泛的货币区税，一旦启动，就会形成一套远比欧盟体系还要紧密的跨国一体化超主权体系，是对现有联合国主权独立体系的巨大挑战。

那么，这种建立在储币税原理基础之上的国际体系是可行的吗？

就已经可见部分而言，不以改变和放弃现行《联合国宪章》

为代价是不可行的。因为，它直接要求储币的主导国和储币的接纳国之间必须接受主权不平等地位之《联合国宪章》的修正。即，储币主导国被赋予了常态化享有单边向储币接纳国征收储币税的超主权特权。

最关键的还在于，美元储币税跨国税制的实施并非为了分担美国维系储币税体制的正常运行成本，而是为了防范美国不要遭遇美元的净资产归零、甚至为负而导致破产结局的发生。

为了确保储币国自身不陷入净资产归零归负的泥潭，巴菲特指出：唯一的解困之道便是征收巴米税或储币税以求确保：美元服务的 $\sum USD(I\text{-}growth)_{n+1}$ 国际经济体所创造的美元增量总和不超过美国国内的经济之 $\sum USD(D\text{-}growth)_{n+1}$ 所创造的货币增量之总和。

换言之，即使世界上其他国家完全有能力在创造财富的效果方面优胜于储币国美国的话，美国仍期待借助巴米税机制将各国分别超出的部分，或全部或部分赋税给自己。如此，美国便可以绝对安稳地不劳而获、尽情享乐远比天上掉馅饼还要美好的寄生式白日梦了。如此，一个向美国朝贡储币税的新型国际怪胎体系便可能被偷袭成功。

2.13 "巴米税原理"与储币税原理

毋庸置疑，就"巴米税"而言，它既不是关税、也不是储币税，而是一个"尚未脱胎"的"幻想税"。因为，它完全无法独立存在和运行。很显然，"巴米税"仅只是一个设想和探索及规划中的"企图税"，已经被赋予了众多的"愿望和期待"，但离落地还相差十万八千里呢。

首先，"巴米税"不是简单的国内税，是基于关税的间接式跨国税。和储币税原理一样，也是主权货币充当国际储币时才能发生的税制和税种。如果成功落地，效果是相同的。但是，"巴米税"因以国内关税形式出现，且只能以国内关税的形式出现，且需经由储币升值的汇率操纵才能最终实现，故是一个超级复杂的复合型间接跨国税，否则，"巴米税"无法生效。

与"巴米税"不同，储币税十分清晰，是一个目的和目标均明确的跨国税制，是向储备货币的使用国在出口创汇过程中呈现顺差时才会引入和生效的由储币主导国征收的储币失衡调节税。即，为了维护给定国际储币体制的正常运行所设计的特别税种及特别税制。

此外，不同的国际储币体系对应着不同的"体系税"。就目前而言，美元充当着国际储备货币，该国际储币体系因此系"国际主权锚储币体系"。对这种"国际主权锚储币体系"而言，要想维系该体制的有效运行，就必须设立一种税制才能确保其平衡机制的可持续运行。否则，呈现内生性的顺逆差失衡就是不可避免和不可维系的。

通俗地说，"体系税"的核心就是确保体系平衡化的可持续运行。

那么，给定任意国际储币体系是否只要保持平衡就不必解体了呢？答案是否定的。因为，平衡困境是一回事，解体困境是另外一回事。即，国际储币体系还受给定货币体系自身稳定性的强力制约。

2.14 铸币税原理与储币税原理

开宗明义，铸币税和储币税是泾渭分明、服务不同目的的两种税收体制。虽然都归属货币现象，但后者的应用则兼顾主权货币在服务本国经济的同时也服务国际贸易和国际资本的双范畴，尤其服务国际经济的本位币或货币锚功能时，包括但不限于国际经济增长越来越大，以至大于本国经济增长时，有必要成为人类历史上第一个国际税制。

相比之下，铸币税原理则自实物铸币开始、到实物锚代币时代、再到实物锚解体以降一直延续到主权货币时代均始终存在于所有国家货币之中、原理相通的货币供给现象：系铸币所得材质、铸币制作及铸币发行三位一体化成本与铸币面值之间存在差额才会构成收益机制，进而实施收益分配所形成的。至于铸币税是否需要进行适度的所得再分配，随时代的不同而不同，并无定论。

在实物铸币时代，由于铸币所需要的材质和铸造工艺等不仅掌握在少数人手里，而且完成铸造后的铸币还涉及与分发有关的诸多问题，故铸币标准化的主管机构，早期为皇家王权所垄断，一般会采纳委托授权的方式允许满足资质条件者开展铸币供给。其中，铸币收益部分一般由授权方以"铸币税"的方式收取，剩余部分则归被授权者所有。这便是"铸币税"在历史中的初始起源和真实存在。

步入实物锚代币时代，由于代币本身的低值属性，以及债权凭证属性（代币持有者可凭其兑换实物锚本位货币），代币项下的铸币获利机制随之消失了。与此同时，实物锚本位币的持有者原本可以发行代币的原理和主要根源也转变为与开设私人银行机构关联在一起了。此时的铸币获利机制随之转化成了实物锚代币时代需要依托银行才能获利的替代型利益所得机制。即，铸币利益所得随之被银行所得的新机制所取代。由此，"铸币税"也随之与时俱进被银行税[15]所取代。

货币从来都不是线性化向前发展的。当实物锚代币体制经由私人银行体制演变到英式中央银行体制且经1844年《皮儿条例》

转型成功后，再到美联储成功效仿英式中央银行体制在运行了58年（1913—1971）之后于1971年8月15日将布雷顿森林协定体系解体后，实物锚代币之央行体制相应地转型为了主权锚货币新体制。

就美国的探索而言，主权锚的确切含义系由"美国国债锚"所支撑，故美联储发行的美元也无法获得"铸币税"意义项下的印钞收益。因为，其发行机制并非凭所印美钞的面值以交换方式流通，相反主要以借贷方式流通。故，即使美联储时代，"印钞税"的概念也已经荡然无存了。如果美联储仍旧潜藏获利机制的话，也主要不是铸币税和印钞税了。

无疑，当美元被用于国际贸易的结算货币时，贸易逆差是可以为美国带来"国际印钞税"之超级跨国红利的。

美国的印钞税便是自逆差开始的。美元逆差贬值的累计总和，即：美国的国际印钞税所得=$\sum USD(DV)$逐年，其中DV表示美元贬值。

这意味着，美国的真正贸易逆差（既超名义贸易逆差，又超实际贸易逆差）=$\sum USD(DV)$逐年+$\sum USD(IS)$逐年。其中IS表示国际顺差。公平而言，美国欠世界的不仅是全球美元净债权或净头寸美元，还应包括美国长期以来借美元贬值盘剥世界的"贬值印钞税"。

一言以蔽之，就铸币税的原理而言，在历史长河中它已经以如下五种不同的方式呈现出来了：铸币税、银行税（央行税和商行税）、印钞税、国际印钞税和国际贬值印钞税。

其中，国际印钞税只有充当了国际储备货币的国家才可以收取和享用。怎奈，如今的美国还想在此基础上得寸进尺、绞尽脑机、挖空心思来谋划储币税[16]。只可惜，时过境迁，已经不可能了。

2.15 美元安全一体化的国际体系新梦想

在《重构全球贸易体制：使用者手册》报告里，米兰领衔的团队在借储币税原理进行重构国际新秩序的计划中，已经明确无误地向读者描绘了一幅"美元储币+巴米税+国际安全"一体化的新梦想。

新梦想的核心，直白地说，就是以美国为中心的美元储币税朝贡体制。外表如此，实质内容更是将自1648年诞生的主权型国际体系重构和转型为"美元储币税的超主权国际体系"，一个其他主权国家需要向美国朝贡储币税的超主权国际体系。若非此国际体系的话，其他国家为什么要向美国缴纳美元储币税呢？

显然，米兰已经清晰意识到了，所谓重构国际贸易体系的根本，其实就是将美元霸权体系在遭遇破产或行将解体之际，挽救成"美元储币税霸权的超主权体系"，彻底摒弃以主权国家平等为根基的《联合国宪章》原则，为美国霸权的最后续命作垂死挣扎。

无论成功与否，如此奇妙的构思，确属有的放矢，确属美元充当国际储备货币遭遇危局之后，意图力挽狂澜的一种战略努力。

只可惜，1944年创建布雷顿森林协定时、1971年尼克松政府宣告违约布雷顿森林协定时，1976年创建牙买加协定且推出自由浮动汇率体制时，20世纪80年代全球金融自由化时，美国精英界并没人认知到，在国际储备货币的深处居然还潜藏着美元的阿喀琉斯之踵，一个近乎无人发现但在2003年却被巴菲特首次泄露的阿喀琉斯之踵。如此，在解体货币实物锚之后，主要借助国债锚来维系美元基础货币发行的美元体系就无处遁形了。若想继续前行、只能死抱储币税这根救命稻草了。否则，美元霸权必遭解体而转向货币根基的巨变重构。假定如此，美国的自我重构和世界的巨变重构之间又有何区别呢？

今日的美国，无疑已四面楚歌。仅2025年6月开始到期的美债规模就会陆续高达6.5万亿美元之巨，是考验美债能否规避违约的一年。

虽然说美联储仍握有QE神器，但美债规模持续攀升的态势只会令市场更加恐惧：是让美联储凭借QE来拯救到期美债可能出现违约的美国国家信用呢？还是让到期的美债信用直接违约继而展开与世界的重构谈判呢？显然，缺失QE救助，到期美债已无咸鱼翻身之可能，凶多吉少。若美联储真的出手，MAGA未来必遭重创。

那么，美国的未来将在2025的巨变较量中何去何从呢？

不可否认，MAGA的大未来是握有宏伟蓝图的。如果全球重构计划能够得逞的话，美国不仅可以保住其传统的"国际印钞税"的独家垄断权及其国际贬值印钞税的利益所得，而且还将可以大幅度令世界诸国朝贡储币税的美元霸权体系扩张和升级到4.0新时代。

如此展望，2025年围绕总计9.2万亿到期美债所展开的美国联邦政府和美联储之间的内斗，将会首先粉末登场。这是美国社会体制的终极决斗，一定会分出胜负的。否则，美国没有未来。

博弈的焦点就在于，美联储显然会站在维护美元中央银行体制的立场上而奋不顾身。怎奈，美国新政府领导的美联邦也会为美国国家利益的最大化，而非为美元体制的利益的最大化，同样勇于奋不顾身。

是美元利益至高无上呢？还是美国利益至高无上呢？这个问题不仅决定着美国的未来，也决定着人类命运的共同体未来。

与此同时，是人类共赢利益至高无上呢？还是美国+美元一体化利益至高无上呢？这个问题已经卷入到双美内斗的大棋局博弈中了。无论如何，世界的巨变正在向我们走来。

第三章

美元霸权的真面目与货币锚黑洞

美国追求美元储币的梦想，是从1945年奠定布雷顿森林协定开始的，到1976年牙买加协定生效，美元霸权体系开始形成，不是空穴来风的。

美国既不想失去已有的美元霸权，又想在破解现行美元霸权所遭遇的困境时将迭代至今的美元霸权体系升级为更加零和的美元霸权体系。

应对美元霸权体系的暴力性升级，我们需要了解美元霸权的完整历史：从1945年的金本位美元主导权，到1971年的美元霸权，到全球金融自由化之后的美元混业霸权，再到2008年美国次贷危机后的美元QE霸权。世界面对的是一个迭代不断升级的美元霸权体系。

世界经济的进步有赖于生产力的进步，但生产力进步的前提有赖于货币体系本身的更大进步。

换言之，货币体系的进步才是人类生产力进步和增长进步的真正推动力。

不得不承认，美国的强大是其探索货币体系最大化扩张和不断制度创新且敢于开疆扩土的结果。世界是创造出来的，未来也是创造出来的。

3.0 美元储币新国际与国际货币体系

今日美国所陷入的失衡困境系美元充当国际储备货币逐渐导致美国净资产趋于归零甚至归负所造成的，当然也是美国滥用美元充当国际储备货币地位的恶果。

曾几何时，像百慕大三角洲一样，国际货币体系曾经吞噬了无数的帝国与伟业。远的不说，从西班牙开始，经荷兰到大英帝国，最后到今日的美国，所有这些帝国及伟业的兴衰都与国际货币体系中潜藏的神秘机制密不可分。

在实物锚代币时代，国际货币体系的核心困境就是各国代币之间关于实物锚的零和争夺。美元之所以享有今日充当国际储备货币地位的根源与这种实物锚的零和争夺密不可分。

经历了第一次世界大战和第二次世界大战的洗礼之后，美国借机转身成为了垄断全球实物锚（黄金）本位的绝对霸主。这是美元霸权的第一代体系。正是凭借着美元霸权 1.0 体系的垄断地位，美国才有实力去实施欧洲复兴计划和冷战期间在全球范围内推广其美元霸权扩张的美式文明。

然而，国际货币体系所潜藏的神秘机制远不限于"实物锚的零和争夺"这种财富转移和权力转移的零和体系。因为，货币始终处于被不间断创造的过程中。那么，谁在创造增量货币呢？谁又因此而拥有增量货币呢？在缺失实物锚的背景下，代币的供给依据又是什么呢？

此外，增量货币是央行创造的吗？如果黄金不是央行创造的，而代币又是依据黄金储备按1∶1原则发行的，那么代币的发行就不取决于央行的意愿。果真，货币和货币的增量到底由什么或由谁创造呢？不无遗憾的是，货币的历史起源和持续的增量创造至今神秘莫测。

3.1 国际N+0货币与贸易体系的困境

传统分析可以如下方式开展：假设有A和B两个国家（最简单的国际模型），各自分别拥有主权货币Ma和Mb，那么，A和B开展国际贸易的货币方案有如下三大类：

1. 仅只使用A国货币Ma；
2. 仅只使用B国货币Mb；
3. 同时使用两国货币Ma和Mb（同时方案、互换方案和轮回方案等）。

显然，如果不接受上述三种货币方案的话，A和B若想彼此开展国际贸易的选择就只能退回到易货贸易。除此之外就是老死不相往来，或彼此只能不再开展任何形式的国际贸易了。

当考虑到国家信用和主权货币整体购买力[1]时，国家之间开展贸易的可信货币方案就会大幅度收窄，与参与国际贸易的多边体数量的多寡并无必然关联，主要取决于国家之间的互信关系。

不仅如此，如果将"安全困境"等国际关系和国际政治议题均加以考虑的话，国家之间开展国际贸易的可信货币方案还会进一步收窄，剩下的可信货币方案会更少，甚至完全没有。

即便如此，要想使大国货币成为国际贸易结算货币的话，仍然是有违自1648年威斯特伐利亚和约诞生以降，直至《联合国宪章》，国际体系被假定是无政府状态的这一基本原则的。1944年在创建布雷顿森林体系时，联合国型国际体系受这种原理的约束体现得淋漓尽致。

因此，给定联合国型的国际体系，如果仅只使用其中一国的货币作为多边贸易的结算货币，那么，无论在理论上还是在现实中都不会发生自愿理性项下垄断权的出现。果真，又该如何解释美元霸权呢？

3.2 美国困境的初始由来

今日的美国已经被牢牢绑定在美元霸权的十字架之上，无力再去展望新未来和新秩序了。然而，美元霸权不只是美国的主权问题，它还是人类社会始终未能破解的国际货币体系的内生性难题与困境。

在实物锚代币发展到金本位时代，经济增长的关键是与持有黄金的数量规模之间存在必然联系。持有的数量越多，贸易规模就越大，生产规模也随之越大。一系列重商主义的政策建议彼时纷纷献计献策。当然，重农主义的反对建议也不乏闪烁真知灼见。弗朗斯瓦·魁奈的《经济表》更是影响深远。怎奈，双方对货币和国际货币体系的运行机理认知都是有限的，完全意识不到货币内生价值和对应载体物（如白银和黄金等）之间的区别到底在哪里。重农主义者甚至直接将货币等同于货币的载体物本身了，反驳说"货币"既不能吃，也不能喝，完全不具有使用价值的财富属性。当然，重商主义者在认知货币方面的聪明才智也不比重农主义者的好到哪里，除了获取货币锚实物顺差（如黄金顺差）的主张之外，也没创造出经验之上的系统性理论认知。直到休谟阐述了金本位制的国际收支在两国模型中的平衡调节原理之后，追求顺差的重商主义才开始淡出国际货币体系的舞台中央。

有鉴于此，美元霸权的根基不仅盘根错节，关键根植于重商主义时代的认知局限和创建国际收支平衡体系时的货币数量论偏颇，以及与其唇齿相依的货币中性论的荒谬绝伦。故，逆差型美元霸权即使在重商主义时代和国际收支平衡体系时代，也是会导致美国失衡困境的。西班牙帝国的历史兴衰便是极好的例证。

3.3 美联储与英式央行的FRS困境

欲认清逆差型美元霸权，就必须得首先认清美元霸权与英式央行困境之间的传承关系。即，美元霸权远不止是美国政治的产物，它更是英国政治与英式央行体制相互结合的产物。

1844年《皮儿条例》生效之际，英格兰银行作为私人银行正式从数量繁多的私人银行中脱颖而出，成为了央行业务和商行业务彼此分离的现代中央银行体制的雏形和典范。其成功和辉煌在白芝浩的《伦巴第街》中有抵近原理性的描述和揭示，是理解中央银行体制如何从私营银行业中实现华丽转身的经典著作。但在英式央行成功的背后潜藏了一个长尾且规模递增型的FRS困境。这个困境不仅导致了当今时代所熟知的"央行最后贷款人"的制度要求和原理设计，而且在1929年的大萧条时完美自证了FRS困境的真实存在。即面临重大经济或金融危机时，英式央行是先拯救自己呢？还是先拯救危机中的经济或金融体系呢？

受FRS困境的制约，英式央行体制是不可能先拯救经济或金融危机的。除非这种拯救不会波及到央行自身安全的有效运行。

所以，创建于1913年的美联储，虽然高仿临摹英式央行体制，但在最后贷款人的机制方面结合美国国情作了适度创新，引入了存款保险机构的制度安排，但在FRS困境方面却如出一辙，完整遗传了FRS的基因与立场。正因如此，大萧条爆发后，美联储始终无动于衷，依旧选择了自保优先的根基原则。所以，无论弗里德曼，还是伯南克在事后分析和评述大萧条时代美联储的行为及其后果时，都得出结论认为大萧条的爆发与美联储收紧银根进而造成危机加剧直接有关。

然而，所有关于大萧条的分析都或多或少有意避开了FRS困境的核心议题，都不愿意指出：此乃英式央行体制从未破解、迄今为止仍未能破解的核心困境之所在。无疑，美联储也不例外。

有鉴于此，深度根植于美元霸权体系的美元失衡困境，是受FRS困境制约的。亦即，是美联储的FRS困境型体制从根本上决定了美国困境和美元失衡困境的发生和不断演进。

3.4 美国和美联储争霸世界货币主导权

1694年创建的英格兰银行虽然汲取了1609年诞生的阿姆斯特丹市属银行走向衰亡的深刻教训，选择坚守中立、不被高风险政治拖累的私营立场[2]，但在面临诸如二战爆发后德国欲霸占整个欧洲的明显企图时，不仅英国国家的生死存亡面临了严峻的挑战，彼时的英格兰银行也面临了"去政治化不可能"之同样的生死存亡挑战。此时，建立在实物型货币锚基础之上的代币结算体系荡然无存，所有的跨国结算只能倒退到货币实物锚本身（黄金）的结算。任何央行，包括英式央行，只要面临中立或"去政治化不可能"的风险时，其命运与前途就只能选择与国家命运和前途同舟共济、荣辱与共的不二之路。

毋庸置疑，二战彻底改变了国际收支平衡原有正常及有效运行的国际环境，最终导致美国成为二战期间近乎唯一的国际贸易出口国和黄金锚的巨额顺差国。与此同时包括但不限于同盟国和轴心国在内的诸多成员国，都在事实上成为彼时国际贸易的逆差国。不仅如此，二战的残酷性还在于，它还直接导致了同盟国成员不得不以选择接受美国租赁法案的方式，才能获得美国军民两用物资的出口逆差所得。

二战的结果便是，美国成为世界上近乎唯一垄断性拥有可充当货币实物锚之黄金的国家。由此，整体国际收支平衡体系彻底解体。大英帝国的金融中心地位由此一去不复返了。美国借机取而代之。

由此可见，美元霸权的1.0时代是战争的结果，是靠欧洲成员国之间爆发战争，进而借机全力出口才获得的，是拿真金白银和劳动的汗水顺差回来的。毕竟，所有出口都是辛辛苦苦生产出来的实物财富，怎奈换回来的却仅只是冰冷、不可吃、不可穿的货币锚黄金。

即便如此，美国也比曾经的中国幸运百倍。毕竟，美国换回来的黄金始终在升值，至今还在升值。可当年的中国，换回来的白银却被西方白银非货币化运动榨得一干二净，连皮带骨带渣带汤丝毫不剩。

可见，美元霸权绝非合作博弈的结果。必须认清：在历史进程中，美元霸权的创建是靠远比和平政治更艰辛的战争政治才最终取得的。

3.5 美元霸权的2.0时代

二战前景明朗之际，同盟国领袖们已经开始展望战后的新秩序了。回顾了自1648年威斯特伐利亚和约以降所创建起来的主权国际体系，回顾了一战结束时尝试创建国际联盟的威尔逊十四点宣言，美国总统罗斯福大胆且积极地畅想了"联合国"的新秩序和新未来。正是在二战大背景下同盟国领袖的理想主义情怀才使得新秩序再次成为了可能。

布雷顿森林体系便是在创建联合国新秩序的大背景下开始孕育和积极筹划的。从现在来看，不免会有一种难掩的好奇，那就是，在创建布雷顿森林体系时，是否美国单独或美英之间曾经合谋在凯恩斯与怀特谈判时就已经预设了布雷顿森林体系运行一个阶段之后解体的后门？否则，美国怎么可能会不加防范让货币锚黄金储备耗尽后仍然有把握可以继续霸占国际储备货币的主导权地位呢？

这是一个重要且极为关键的理解现代国际货币体系的画龙点

睛之追问。因为，最大的误解就在于，学术界也普遍认为，美元之所以在其黄金储备耗尽之后仍成为国际储备货币，其主要根源就在于，这是由美国在政治制度稳定性、军事实力、经济活力和科技创新方面的综合实力均处于世界第一所决定的。

为此，本文主张必须分清如下事实：假设上述主张真成立的话，为什么不从布雷顿森林协定体系创建的一开始就直接使用美元呢？彼时的美国综合实力相对战后的欧洲诸国而言远比1971年8月15日美国尼克松政府被迫放弃布雷顿森林协定时要盛强百倍。依据实力论，当时就可以直接使用美元了，可为什么偏偏要等26年之后美国已经从债权国沦落为债务国之后才去为之呢？

显然，它一针见血指出了，用实力论来说明美元霸权1.0于1971年8月15日解体后仍然可以持续运行的逻辑是不能成立的。那么，1944年时为什么不直接使用美元，而非得创建布雷顿森林协定才能维系国际贸易体系的有效运行呢？答案便是，创建国际货币体系从未由经济理性决定过。因为，经济学在此领域中并无有效的理论建树。

相反，国际关系领域在更深层面上系由潜藏的"安全困境"所主导和决定。在国际关系中，任何强国，尤其是超级强国，一旦存在，其他小国为了自身安全的考量都会自觉且理性地团结起来一致抗衡超级大国的崛起和存在。人类历史上，无论东方还是西方，从来都不存在因大国具备综合实力，就令小国甘愿放弃自己的货币权力而交由大国来任意主宰这种坐井观天之纯经济学分析发生的。

相反，正恰是在安全困境和均势传承的历史经验基础上，以英国为代表的二战虽胜但实力衰败的国家才会联合起来一致去制衡美国，探讨不直接使用美元，而必须确保安全前置生效型的国际货币体系。这才是布雷顿森林协定的真实历史和写照，而非实力论的凭空臆想。

无论如何，美国的主导权地位显然发挥了主导作用：首先否定了凯恩斯所代表的英国清算方案。但是，或多或少令后人不得其解的是，美国为什么会同意像布雷顿森林协定这种明显有损于美国国家长期利益的方案设计呢？为什么要让自己已经到手的全球黄金垄断地位，既牢牢可控又绝对第一，借与美元绑定而相授他国呢？[3]

亦或，在创建布雷顿森林协定方案时，为什么不再继续坚持国际收支平衡原理了呢？如果坚持，也是完全可以操作的呀！只要将黄金借贷给各成员国，不也可以促进国际贸易的正常运行和有效繁荣吗？

为此，我们只能在如今的事后解释说，在当时的美国政治气候下，霸权主义在美国国内政治的博弈中没能战胜理想主义而主导战后的新秩序；相反，由理想主义主导了包括布雷顿森林协定在内的新秩序。如此，美国真的曾错失了可号令整个世界、称霸全球的高光时刻。

此外，回顾彼时历史，布雷顿森林协定还可以有多种不同的方案。其中，特里芬困境也是可以有效避开的。换言之，怀特-凯恩斯方案最终脱颖而出的根源，应该藏有当今时代仍未知晓的历史根源。

显然，上述闲篇不是本节的重点所在。本书的重点主要意在指出，美元霸权的2.0时代系力求借布雷顿森林协定体系的多边共识机制，故意绕开了安全困境、成功规避了均势基石、巧妙麻痹了各国警觉，甚至都有可能真的贿赂了凯恩斯（长期上我们已死），且凭瞒天过海之韬略，有效借道了大国的非可信原理，才最终取得的。

试想，1971年8月15日倘若美国坚守可信政治信誉原则的话，继续维系布雷顿森林协定项下黄金可兑换协定的话，那么，美国是否已经在苏联解体之前自己先行解体了呢？即使没能解体，美国也因此早就日落西山，辉煌不再了。

但是，美国不仅以不可信的无赖政治方式解体了布雷顿森林协定，而且直接宣告不再对美元的原有价值承担或承诺任何责任了。这便是美元霸权2.0时代的缘起和由来。即美元霸权的2.0体系从一开始就是无赖型的，从原始基因上就是不可信政治、信誉不可靠国家以及国际承诺不兑现的结果。换言之，根本不是国家综合实力出众的结果。

有鉴于此，当今时代人类面临的美元霸权2.0体系是非合作型的，因此也是不可能按照合作型的公平竞争原则或合作博弈来彼此期待和相互协作的。换言之，美元霸权的1.0体系是战争获胜的结果；相比之下，美元霸权的2.0体系则是操弄不可信政治的结果。总之，美元霸权不是经济优胜的结果，是非自愿、非合作的政治绞杀结果。

3.6 美元霸权2.0体系的资本自由化

借政治和国家信誉不可信方略，尼克松政府于1971年8月15日正式宣告不再执行美元和黄金在布雷顿森林协定项下的原兑现承诺，同时也不对超出兑换比价之外损失部分的美元价值负责或承担责任。于是，美元霸权开始步入到自己2.0体系的后时代。

亚当·斯密曾经领衔古典时代开创了自由贸易的新纪元。继二战之后刻意要解体英属和法属殖民贸易体系，以便为全球经济开创自由市场新时代，美国制定了关贸总协定这种市场经济全球化的新体制。

当1976牙买加协定正式生效后，由市场决定的自由浮动汇率制便成了资本自由化的最佳体现。美国再次凭借着自身的美元霸权优势开辟了20世纪80年代全球资本自由化的新疆域。

此后，南美洲的债务危机、广场协议下的日本增长危机、

1992年欧元区货币篮子的英镑危机、1997年亚洲金融危机等危机不断,都是资本自由化的杰作。它迫使美国货币和金融体制不得不再次转型为混业监管模式。这便是美元霸权2.0体系后时代的资本自由化浪潮。

从1776年亚当·斯密古典时代的自由贸易主张,到1944年创建关贸总协定时的自由市场主张,再到20世纪80年代的资本自由化主张,货币化经济早已经超越了效用型市场经济,超越了西方经济学的制度框架,取得了跨越式发展的经济自由化三级跳。

换言之,货币是远比市场更具前置性和决定性的配置经济资源的第一力量。唯有在货币呈现中性的前提下,效用型的市场化功能才会凸显出来。故,美元霸权2.0体系是彻底放飞货币化经济且全面优胜市场经济的真正增长型经济。从此,货币中性论时代被画上句号。只可惜,这种深刻的转型没能被西方经济学所拥抱,只能自我驰骋。

3.7 美元霸权2.0体系的无锚发行新困境

无锚货币时代的到来,是人类始料未及的。即使英式央行体制已经成功探索了银行业的双轨货币体制,即货币的供给在M1和M2的银行体系内已经可以顺利完成了,但基础货币M0的供给是仍然需要央行提供储备货币或储备机制为前提的；否则，基础货币的发行就会面临无序的挑战，甚至迷茫，最终陷入迷失方向的困境之中。

亦即，美元霸权的2.0体系虽然转型成功了，但也带来了两大超级新困境。即，美联储作为央行体制遭遇了如下两大新挑战：1.FRS困境转型为了NRS困境；2.美元的增量供给失去了发行锚的依托：该如何发行美钞或M0美元之基础货币呢？为此，我们将此困境称之为"美式央行的无锚发行困境"[4]。

显然，"无锚发行困境"是更加基础的当代央行体制困境。事实上，所有的央行自实物锚代币体系解体以降都面临了相同的困境和挑战。但是，这种困境与挑战对美国和美联储而言，就成为美元充当国际储备货币之增量困境被放大的"超级困境"和美元顺差锚的超级挑战。这便是伴随美元霸权2.0体系后时代扩张而同步扩张的"双超约束"[5]。

那么，面对双超约束，美联储是如何应对的呢？

在央行双轨货币[6]的刚性约束下，美联储要么继续扩大"银行型净头寸货币"的规模与流速，要么只能创建传统"实物锚"的替代机制，于是，由国债来充当"替代锚"[7]的转型便随之悄然兴起。

现实中，前者便是美国金融衍生品的崛起，后者则是从"银行型净头寸"向"国债型净头寸"的转型。否则，一旦真的缺失了"锚依托",美元体系就将根本无法维系基于M0为基础的分层货币体系的有效运行。这便是美国国家债务急剧攀升的隐形根源之所在。

3.8 美元霸权2.0体系的储备货币困境

当美元霸权2.0体系的双约束延伸到美元充当国际储备货币语境时,其中的"无锚发行困境"会首先造成"美国国债锚"的持续增长和债务困境。其次,由于美元追求充当国际储备货币,因此国际经济体的顺差国必然会将美元作为本国基础货币发行时的实际锚依托(凡美元不被顺差国允许在其境内流通的国家均如此),从而在事实上将美元处置成了本国货币在发行基础货币时遭遇锚困境的更优替代物。

如此一来,美元在充当国际储备货币时,且面临"无锚发行困境"约束时,必然会带来两大后果:国内推高"美元国债锚"的发生;国外助力所有顺差国享有"国债锚的美元替代"。这便是储备币的"锚困境"[8]。

迄今为止,该困境是仍未被西方经济学发现的"国际储备币困境",即由储备币发行国的国债充当发行锚来发行储备货币(增量部分),进而为储备币持有国,依托汇率发行本币时无需引入本国国债奠定了有效,甚至更为可信的"货币锚基础"[9]。

所以，2003年11月巴菲特在《财富》杂志上发表关于贸易赤字担忧的署名文章时就已经发现了这个奇特的"货币黑洞"：

> 我们的贸易赤字已经严重恶化，以至于我们国家的"净资产"，可以说正在以惊人的速度转移到国外。如果这种转移持续下去的话，将会引发重大问题。

换言之，由美国贸易赤字所引发的困境议题，若按长周期推演下去的话，巴菲特所窥视到的亡国景象是绝对会成为大概率事件的，不可轻视。为此，他给出了自己的 Tariffs 之 ICs 方案，恰好是米兰当前正在积极推动的全球重构战略的雏形。当然，即使巴菲特虽然已经观察到了美国"净资产不断外流"的危机，但他还是没能发现，比"贸易赤字困境"更可怕的危机，其实是潜藏在最深处的"储备币困境"在作乱。

3.9 次贷危机与美元霸权3.0体系的崛起

无锚美元时代的盛宴，到2008年货币经济驱动的双增长约束下已经走到了美元霸权2.0体系的尽头。为此，保尔森在《峭壁边缘》一书中揭示得很清晰：即便发生金融危机已成定局且就在眼前，但令其感叹的是，他绝对没能预见到，危机居然会从次贷领域最先引爆。

2008年的美国次贷危机，显然远比1929年的大萧条严重得多，此时的经济体量已今非昔比，不可相提并论了。

美国货币体系和金融体系的根基被彻底撼动了。大而不倒，还是大也必倒（too big to fail or too big also has to fail）成为远比最后贷款人机制更为迫在眉睫的新疑难。在美国国运生死时刻，美财政、美联储加上美联储纽分行还是密切联手选择了前者，从而避免了次贷危局的进一步恶化。在此危局拯救的过程中，美联储完成了从美元霸权2.0体系向3.0体系的华丽转身，借机拥有了全新的QE型货币。这使得美联储所面临的双约束压力得到了极大的缓解。

无论如何，从资本自由化的2.0美元霸权到QE自由化（无限QE）的3.0美元霸权转型，以美元为依托所支撑的经济总量仅金融衍生品一项就已经高达415万亿之巨（2008年，截至2024年底已高达600万亿美元），如果加上汇率市场（2300万亿美元）和资本市场（380万亿美元），美元霸权所支撑的货币化经济早已是实体经济不可同日而语的了。

所以，经由次贷危机和新馆疫情所催生的美元霸权3.0体系，还是有效巩固和拓展了2.0体系的极限边界与新疆域。至此，美元霸权的3.0体系已经成功整合了美元化经济的全球市场，包括国际经济，且其程度越来越高、越来越专业和智能化，绝非传统货币化经济可以相提并论、与之并肩的。

3.10 美元霸权3.0体系的巴菲特危机

美元霸权已经成长为QE化的美元霸权3.0体系，已经武装到了牙齿。但是，它的阿喀琉斯之踵依然存在，不仅承传了始终根除不掉的英式央行体制之FRS困境，而且英式央行的FRS困境也已经演变为NRS困境（零准备金发行体制）或"无锚发行困境"。这两大困境相互叠加构成了当今美联储时刻都在遮掩和极力回避的"货币黑洞困境"。

此议题一旦学术化，美联储多年精心打造的无锚美元体系的防线就会无处遁形。更何况，它是导致当今美国社会分化加剧和贫富对立的隐形根源。当然，美元霸权1.0体系、2.0体系和3.0体系叠加在一起，所面临的最大困境仍然是因"储备币困境"所引发的美国国家债务的快速增长和美国净资产总量不断缩小的巴菲特危机。即：

$$\text{巴菲特之比} = \left[\sum TSB_n + \sum TSB_\triangle\right] / \left[\sum TSA_n + \sum TSA_\triangle\right]$$

其中，$\sum TSB_n$表示美国净债务总额；$\sum TSA_n$表示美国净资产总额；$\sum TSB_\triangle$和$\sum TSA_\triangle$分别表示美国净债务和美国净资产的给定期增量。为此，巴菲特观察到$\sum TSB_\triangle$是快速递增的，而$\sum TSA_\triangle$则是快速递减的。于是，巴菲特之比是越来越大的。如果大到趋于无穷时，巴菲特所担心的危机就会不期而遇，随时都有可能真实发生。

为此，在巴菲特看来，不断增长中的美国贸易赤字乃是导致巴菲特危机的核心根源之所在。

换言之，巴菲特极力提醒美国政治家们值得注意的是，享受美元霸权，无论1.0体系还是2.0体系或3.0体系都是有代价的，而且代价极有可能是致命的。怎奈，巴菲特危机是一种绝对困境。为了破解这个绝对困境，巴菲特设计了一种基于"Tariffs"的ICs方案，更准确地说，是一种基于"巴菲特税原理"的ICs方案。切记，"巴菲特税"的本质并非"关税"。

3.11 美元霸权4.0体系之全球重构的新梦想

虽然美元霸权3.0体已成功化解了2008年的美国次贷危机，但是躲藏在巴菲特之比背后的巴菲特危机自2003年巴菲特撰文之后不仅没能获得有效遏制，相反持续发酵，致使美国的贸易赤字和国债赤字不断攀升，规模越来越大。从2003年的2万亿美元国家负债到2024年底的36万亿美元国家负债，美国国家的净资产总量正在逼近枯竭，甚至在可预见的未来转为"负资产"，届时巴菲特的双岛模型真的就要发生了。

这让美国精英界坐立不安，废寝忘食、想尽一切办法力争从中解脱出来。为此，巴菲特想出了一招，在他看来此招可以有效破解自己所发现的可怕困境，那便是美国新政府使用的"Tariffs武器化"。

2024年11月，哈佛大学毕业的经济学博士，现任美国政府白宫经济顾问委员会主席的斯蒂芬·米兰，发表了题名为《重构全球贸易体系：使用者手册》的研究报告。报告中，米兰提出了一种建立在巴菲特之"Tariffs武器化"或"Tariffs政治化"基础之上的新策略：货币对冲关税策略。

在米兰看来，巴菲特危机的根源就在于：美国"经济失衡的根源在于美元的长期高估，这种高估阻碍了国际贸易的平衡，而其背后则是对（美元）储备资产的非弹性需求所驱动"。

由此可见，米兰系沿着巴菲特危机的最初线索，进一步给出了远比巴菲特发现更为深层次上的全面化解方案。为此，米兰将矛头聚焦在了比国际贸易失衡更广泛的逆差和失衡领域来展开应对方案的总框架设计，试图给出破解。在米兰看来，巴菲特发现的危机，即贸易赤字危机，系浅层次危机。因为，逆差现象还发生在国际资本领域和国际本位货币领域，即还发生在国际储备货币领域。

所以，米兰并没有直接采纳巴菲特的ICs方案，而是在巴菲特之"Tariffs武器化"或"Tariffs政治化"的基础上，结合2018年实施关税战的实际效果给出了"美元对冲新策略"。这种新策略的好处可以概括为：1.为联邦政府带来了新收入源泉；2.由此带来国内税收压力的减缓（甚至可以实施大规模减税措施）；3.同时减缓联邦政府增量负债的压力；4.减缓联邦政府的财政赤字压力；5.减缓国家负债已高达36万亿美元总规模还在持续增长的压力；6.压低美元顺差国的货币购买力（尤其是中国人民币的有效购买力）；7.常态化形成外部性税收机制；8.形成美元霸权获利机制的第四代或4.0体系。

就全球重构战略而言，在全球贸易体系中只要能将美元顺差控制住，或控制在增量增长趋于为零的可控范围内，因美元作为国际储备货币而被高估，进而导致巴菲特危机有可能发生的根源就被控制住了。至于美元充当国际储备货币的存量部分则可经由美元注水、资产没收等途径逐渐收复回来，或维持在不会造成颠覆美国国运的水平上。

可见，米兰在《重构全球贸易体系：用户指南》的核心思想就是策动远比巴菲特危机治理方案更加全面和彻底的全球美元治理方案。

无可置疑，米兰重构计划是一种美元霸权的新梦想，是想借美元充当国际储备货币的垄断和霸权地位，更加公开化、更加大规模和更加制度化盘剥世界的新梦想。

当然，在全球重构计划的新梦想之外，米兰等也准备了B方案、C方案等一系列的备选方案。

第三章　美元霸权的真面目与货币锚黑洞

由此可见，美元霸权的3.0版不仅不会改弦更张，还会变本加厉，朝着更加政治化趋强的方向步入深渊。"巴米税"计划虽然在理论上已初具轮廓，但与储币税相比，仍缺少必要的主权共识等自愿条件。

事实上，当今的国际体系早就没有单纯的国际经济了，有的只剩国际政治经济了。所以，整个世界都需要丢掉政冷经热的非政治化幻想，全身心投入到国际经济政治化的新浪潮中去，积极迎接美元霸权的新挑战。

值得庆幸的是，美元霸权即使发展到了3.0时代，也没能逃脱掉FRS困境和"货币锚黑洞困境"的刚性制约。

即使美联储已经拥有了强大的QE工具，只要全球社会认知到了双增长的必要性和原理，不再简单地追求GDP的单增长，对美元的刚性需求就会转型为是一个令美国政治精英自娱自乐的货币幻觉。

届时，美联储所深藏的FRS和NFS双困境就会震耳欲聋，响彻全球。毕竟，没有哪个国家自愿被美元无偿盘剥，除非无奈与被迫。

毋庸置疑，主权货币充当国际储备货币的特权是首先可以享受到国际印钞税之绝对便利的；其次，还可以将这种"国际印钞税"的便利转化为"国际有效印钞税"的实际所得红利。

在此基础上，美国居然还敢梦想进一步以偷袭方式去争夺

"巴米税"的新霸权，一个令其他主权国家向其制度化朝贡储币税的新霸权[10]。

当然，从权力政治的视角上看，美国新政府的行为实属正常、符合西方理性人假说的立论逻辑。毕竟，美元霸权的权力和实力不最大化使用的话，将被认定为属于过期作废或再无意义的。

2025年6月份就有6.5万亿美元到期的美债需要统筹处置。美元霸权的压力已经进入倒计时。按目前的情形看，美国新政府会让到期美债违约的概率最大。这样才能掀起比关税战（"巴米税"战）更容易触动到期美债之全球持有者共同参与全球经济体系重构新议程的热潮。

第四章

美元霸权"巴米税"的新梦想

政治，尤其西方权力政治，为了追求自身安全与利益的最大化，始终信守迫使他人，包括他国去做自己想要实现的安全及利益的最大化，无论他人或他国是否愿意和对其是否有利。

自1944年创建布雷顿森林协定以降，美元霸权开始享受国际印钞税的超级红利。1971年8月15日伴随布雷顿森林协定的解体，美元霸权所辖国际印钞税的超级红利更是倍增式增长。

进入20世纪80年代，全球资本自由化浪潮推波助澜，美元霸权已经壮大成傲视群雄的超级帝国。尤其伴随着冷战的结束，美西文明更是达到了所谓"历史终结"的最高发展阶段。

怎奈，美元霸权的阿喀琉斯之踵悄然之间开始呈现。目前看来，最先发现它的便是沃伦·巴菲特。2003年发表在《财富》杂志上的原创文章里，巴菲特给出了一个令人脑洞大开的破解之道，即Tariffs之ICs方案。

2003年巴菲特种下的这粒种子，最终于2024年以斯蒂芬·米兰的《重构全球贸易体制：使用者手册》的方式破土而出了。在22年的孕育期里，它已经茁壮成长为了一棵参天大树，一个可以指点江山、令无数英雄豪杰自愿为之奋斗的新未来。

4.0 储币危局中的美元霸权新梦想

给定美元一旦成为国际储备货币之后，必然会有：

USD Economy $_{n+1}$ = $\sum$ USD（D-growth）$_{n+1}$ + $\sum$ USD（I-growth）$_{n+1}$

当 $\sum$ USD（D-growth）$_{n+1}$ > $\sum$ USD（I-growth）$_{n+1}$ 时，即，在美元充当国际结算、资本和本位货币之储备货币的早期，美元服务美国国内经济增长所创造出来的利润总和的年度积累，即 $\sum$ USD（DPyear）$_{n+1}$ [1]，是远大于美元所服务的国际经济增长所创造出来的利润总和的年度积累的，即 $\sum$ USD（IPyear）$_{n+1}$ [2] 的。

在此美元霸权阶段，因可以享受美元国际印钞税的垄断红利，美国社会不会呈现出所谓"构成国际贸易体系基础的共识已出现裂痕"的困境，也不会面临所谓"两大政党均已采取旨在提升美国在该体系中地位"之米兰政策主张的必要性。

但是，当 $\sum$ USD（D-growth）$_{n+1}$ < $\sum$ USD（I-growth）$_{n+1}$ 时，尤其是当美国国内经济的增长率与美元服务的国际经济增长率之比：

$$\sum GR（D_{USD}）_{n+1} / \sum GR（I_{USD}）_{n+1}$$

呈现二阶边际递减趋势时，即上述比值越来越小时，亦即美元国际经济所创造的增量美元越来越大于美元国内经济所创造出的增量美元时，美国无疑就会呈现出巴菲特所发现的困境：美国净资产不断减少并且持续下去的后果会导致美国净资产为负的亡国结局。显然，这便是美国无法承受的美元霸权之踵和美元霸权之殇。

那么，美国是否因此就会考虑或就需要考虑放弃美元霸权呢？

鉴于当 $\sum USD(D\text{-}growth)_{n+1} < \sum USD(I\text{-}growth)_{n+1}$ 形态的美元霸权是有害的，是潜藏美国净资产流失危机的，但是，

$$\sum USD(D\text{-}growth)_{n+1} > \sum USD(I\text{-}growth)_{n+1}$$

$$\sum USD(D\text{-}growth)_{n+1} = \sum USD(I\text{-}growth)_{n+1}$$

两种形态下的美元霸权都是良性的。所以，美元霸权的新梦想就是，如何将美元霸权维系在上述两种形态的边界之内而不滑入有害的第一区间，即不滑入：$\sum USD(D\text{-}growth)_{n+1} < \sum USD(I\text{-}growth)_{n+1}$ 区间。

这便是自巴菲特 2003 年"播种"以来，经由米兰等人细心打磨，最终以《重构全球贸易体制：使用者手册》呈现出来的美元霸权新梦想。

那么，如何确保这一新梦想的追求最终是可行的呢？

这便是米兰借《重构全球贸易体制：使用者手册》所阐述的主要部分。"巴米税原理"是人类历史上从未经历过的一种制度创新和探索。即使对于强大无比的美国而言，也是充满挑战和不确定性的。因为，"巴米税原理"要求的是货币非中性型经济体制的有效配合，而当前的经济体制、思想观念和市场运行方式都是货币中性论假定所推动的产物。换言之，全球经济运行体制的整体需要从传统的西方经济学转型为广义货币经济学新架构体制，"巴米税原理"方能生效，否则，米兰等人的"巴米税"方案完全不具备落地实施的可行性条件。

因为，他们根本无法完成货币币值与"巴米税"所得的精准对冲。毕竟，币值是总量概念，而"巴米税"则是细微到了进口产品之利润再分配层面上的纯微观操作。两者在微宏观耦合方面都不具备可行性。即，只要缺失统一货币锚原理，米兰的重构梦想就会难上加难。

4.1 美国国家净资产的国运之梦

为了追求净资产不最终流失的美元霸权新梦想，即为了追求美元霸权能从 $\sum \text{USD}(\text{D-growth})_{n+1} < \sum \text{USD}(\text{I-growth})_{n+1}$ 的困境中有效转型到如下两大良性的美元霸权体系之中：

$$\sum \text{USD}（\text{D-growth}）_{n+1} > \sum \text{USD}（\text{I-growth}）_{n+1}$$
$$\sum \text{USD}（\text{D-growth}）_{n+1} = \sum \text{USD}（\text{I-growth}）_{n+1}$$

米兰叠加巴菲特的战略规划是，让 $\sum \text{USD}（\text{I-growth}）_{n+1}$ 创造出的增量美元，以"巴米税"的形式不断分流且朝贡给美国。如此供给下的美元霸权服务就不会再给美国带来净资产不断转负的国运灾难了。

换言之，国际经济增长项下所不断创造出来的美元增量部分可由"巴米税"机制给予调节管控，而已经积累起来的美元存量超出部分，则可由百年期的"世纪债券"或"永续债券"来替代即将到期的美债持有，而且最好免息转换。否则，一旦出现美债危机，各方损失皆会更大。

也就是说，米兰等的战略构想是，在美元增量和存量的失衡领域，经由上述两大议程调整且实施后，起码其中之一的 $\sum \text{USD}（\text{D-growth}）_{n+1} = \sum \text{USD}（\text{I-growth}）_{n+1}$ 状态，是可以或应该确保实现的。[3]

如此一来，一切皆以服务美元霸权稳定性为中心的新型国际体系就可以建构起来了。在这个世界各国均须全力维系美元霸权稳定性为第一要旨的国际体系中，美国随之成为唯一被其他国家朝贡"巴米税"的国家，也由此可以成为高高凌驾于《联合国宪章》之上的最伟大国家。为此，不能不说这是巴菲特和米兰捍卫美元净资产的最大国运之梦,也是唯有孤注一掷且倾注美国洪荒之力才有可能企及的国运之梦。

4.2 巴菲特的困境发现及破解之道

2003年,沃伦·巴菲特以"美国不断增长的贸易赤字正在削弱我们的国家。这里有一个解决问题的方法——而且我们需要立即采取行动"为标题,在《财富》杂志上发表了署名文章。

巴菲特可谓是米兰重构计划的始作俑者。为什么这么说呢?为此,巴菲特向其读者分享了两段浓缩型的精华表述:

> 截至2002年春季,我活了将近72年,从未购买过外币。从那时起,伯克希尔已经进行了大量投资,并且如今仍然持有几种外币。我不会告诉你具体细节;事实上,这些货币是什么并不重要。重要的是如下的核心观点:持有其他货币意味着相信美元将会贬值。无论是作为美国人还是投资者,实际上我都希望这些承诺被证明是错误的。
>
> 我最终把钱投入到我长期以来一直警告的领域的原因是,我们的贸易赤字已经严重恶化了,以至于我们国家的"净资产",可以说,正在以惊人的速度转移到国

外。如果这种转移持续下去，将会引发重大问题。

显然，巴菲特对美国贸易头寸的变动是高度关注的。这是作全球宏观分析的基础功课。在长期关注中，巴菲特捕捉到了"国别净资产"连续变动所带来的深层次变化：贸易关系和国别资产所有权关系之间的历史兴衰及重要启示。

令巴菲特焦虑难安的是，自从20世纪70年代，美国的贸易地位就已经开始发生逆转了，从贸易顺差国逐渐转变为贸易逆差国；从此，一发不可收拾，彻底走上了贸易逆差国的不归之路。

简单来说，从二战结束到20世纪70年代初，我们以节俭岛的勤奋方式运作，经常在国外销售的商品比我们购买的多。我们同时将我们的盈余投资到国外，结果是我们的净投资，即我们的外国资产持有量减去外国对美国资产的持有量，增加了（按照当时政府使用的方法，该方法后来被修订），从1950年的370亿美元增加到1970年的680亿美元。

20世纪70年代末，贸易状况发生了逆转，产生了最初约为GDP 1%的贸易赤字。这并不严重，特别是因为净投资收入仍然是正数。事实上，凭借复利的力量，我们的净所有权余额在20世纪80年达到了3600亿美元的高点。然而,从那时起,情况一直在走下坡路,过去5年的下降速度迅速加快。我们现在的年度贸易赤字已经超过了 GDP 的 4%。

然而,美国贸易逆差的呈现和历史演变并不是巴菲特关注的重点,而伴随贸易逆差发生导致美元净资产领域发生深刻变化才是巴菲特真正关注的重点之所在:"同样令人担忧的是,世界其他地方所拥有的美国资产比我们拥有的其他国家的资产多出惊人的 2.5 万亿美元。"

换言之,由贸易逆差不断积累所形成的 2.5 万亿美元的赎权购买力,才是那个必定曾令巴菲特瞠目结舌的愕然之危局。这种顺差权美元的赎权购买力,对巴菲特而言,绝对是一种可怕的市场力量,一种令其投资随时可能遭遇滑铁卢的可怕力量。

可见,面对美国贸易逆差造成的顺差积累之美元的赎权购买力,即使巴菲特可以镇定自若且早已经有了自己的独特见解和风控关注,只要稍加思索仍无法不浮现出足以令美国国家命运凸显危局的可怕前景。为此,巴菲特勇挑重担,殚心竭虑设计出了一种应对方案。

为了将 2.5 万亿美元的净外国所有权放在一个更直观的视角下,将其与 12 万亿美元的美国上市公司价值或同等数量的美国住宅房地产价值进行对比,或者与我估计的总共50万亿美元的国家财富进行对比。这些比较表明,已经转移到国外的财富是相当可观的——例如,大约相当于我们国家财富的5%。更重要的是,按照目前的贸易赤字水平,外国对我们的资产所有权每年将增加约5000亿美元,这意味着赤字将每年增加大约1%的外国对我们国家财富的净所有权。随着这种所有权的增长,流向这个国家的年度净投资收入也将增加。这将使我们支付越来越多的股息和利息给世界,而不是像过去那样成为净接收者。

由此,我们或许可以稍微窥视到一点点,仅只上述这种状态,就足已令巴菲特寝食难安了:美国国家的净资产安全无疑受到了侵害和潜在风险的袭扰。为此,巴菲特开始积极寻求破解之道。

然而,美国享有特殊地位。实际上,我们今天可以按照自己的意愿行事,因为我们过去的金融行为非常出色——而且我们很富有。我们的支付能力和支付意愿从未受到质疑,我们仍然拥有大量令人向往的资产可供交易。换句话说,我们的国家信用卡允许我们真正地消费惊人的金额。但这张信用卡的信用额度并非无限。

基于这种自信的源泉,巴菲特便开始了自觉且主动的破冰之旅:

> 现在是停止这种用资产换取消费品的时候了,我有一个计划来实现这个目标。我的补救措施听起来可能有些噱头,实际上它是一种Tariffs,只是换了个名字而已。

那么,巴菲特所谓Tariffs之ICs计划到底意图何在呢?为此,巴菲特的建议如下:

> 我们可以通过向所有美国出口商发放我称之为进口证书(ICs)的东西来实现这种平衡,其金额等于他们出口的美元价值。每个出口商随后会将这些ICs出售给想要将商品进口到美国的外国出口商或美国进口商手里。例如,要进口价值100万美元的货物,进口商就需要拥有价值100万美元出口所对应的ICs。不可避免的结果是:贸易平衡。

换言之,巴菲特应对美国贸易逆差不断扩大的破解之道,系主张发行一种"进口证书"(ICs)。

2003年时，巴菲特的Tariffs方案主要目的系用来平衡贸易逆差的，其核心机理或功能可谓是一种"贸易平衡证书"(TBC)，是一种在美国出口商和美国进口商或海外出口商之间的收益再平衡机制[4]。

然而，不无遗憾的是，连巴菲特这种自由市场的捍卫者，在美国净资产遭遇流失困局时居然也不从根源上入手，而是人为地凭空设置一种ICs（巴菲特自己解释说，本质上就是Tariffs）来干预国际贸易的正常运行。与此同时，巴菲特还口口声声地说：

> 但这种Tariffs保留了大多数自由市场的优点，既不保护特定行业，也不惩罚特定国家，也不会引发贸易战。这个计划可能会增加我们的出口，并且很可能会导致全球贸易总量的增加。它将在不使美元大幅贬值的情况下（我相信如果不采取行动，这种情况几乎肯定会发生）实现贸易平衡。

为此，我想特别请教巴菲特先生的是：ICs干预后的国际市场经济还是自由市场经济吗？

无论如何，在美国贸易地位从顺差转逆差的持续观察中，巴菲特发现了美国净资产整体流失的现象。这是一项含义广泛且意义重大，甚至极其伟大的发现。因为，它标志着贸易关系是如何可以促进国家关系与权力关系，并且实现彼此间相互转化的广义货币经济学原理[5]。

毕竟，在物物交换的市场模型下，贸易顺差、贸易逆差以及净资产流失等现象都是不会发生的。因为，每一笔易货交换都是即刻平衡的，是永远都不会有所谓贸易逆差和贸易顺差发生的。

给定如此，巴菲特所发现的美国贸易地位的变化和与之密切相关的净资产流失议题，就都只能是货币非中性经济学原理项下的现象，而不可能是自古典分析范式以降至新古典分析范式，再到以一般均衡论为核心标志的现代经济学分析体系所能捕捉到的现象。

有鉴于此，今日美国困境的第一主要根源就是西方经济学无法兼容货币非中性论经济学在认知领域所造成的。

事实上，自英式央行承上启下的货币体系，即使发展到美联储时代，也始终没能逃脱掉FRS困境的制约。尤其自1971年8月15日布雷顿森林协定体系解体，伴随实物锚的消失，货币的根基到底为何物的棘手问题逼迫西方经济学不得不向货币论经济学转向。怎奈，由弗里德曼领衔的"货币主义经济学"（后演变为大众化的货币经济学），都仅只是货币数量论经济学师徒承传的结果，对巴菲特所发现的美国霸权失衡困境毫无助益。事实上，连米兰等也都是受害者，居然连关税原理和储币税原理之间的税制差别都没能判别出来[6]，只好囫囵吞枣般地给出了夹生的"巴米税"方案。

4.3 米兰关于美国贸易逆差及国际收支逆差的根源探究：储币逆差

毫无疑问，调节贸易逆差，进而调节美国净资产所有权流失递增的困境是巴菲特的基本诉求，也是米兰重构计划所追求的一致目标。

只是，米兰时代的新使命必须与时俱进，必须同时能够为当代的美国困境提供有效，甚至一劳永逸可缓解美国联邦政府财政赤字化的一体化破解方案，而不局限于巴菲特仅只扭转贸易赤字的诉求。

不仅如此，米兰关注的问题已经远不止于贸易逆差了。他看到了除贸易逆差之外即使站在国际收支整体视角上看也仍然存在逆差但更加基础的经济失衡困境。为此，他追问并解答道：

那么，作为全球最大交易量的市场——货币（外汇）市场，如何实现均衡呢？

答案在于：至少存在两种货币均衡概念。第一种根植于国际贸易模型。在贸易模型中，货币在长期内会通过汇率调整实现国际贸易的平衡。如果一国长期保持贸易顺差，它就会因出口商品而获得外币，再将外币兑换为本国货币，推动本国货币升值。这个过程会持续到本国货币升值到足以使出口减少、进口增加，从而实现贸易平衡为止。

那么，这种将经常账户扩展到资本账户，进而认为借双账户结构就可以有效确保国际收支平衡发生的主流经济学观点，为什么不能在现实中发挥应有的作用呢？

换言之，二战结束后，在设计关贸总协定和国际货币基金组织及布雷顿森林协定时，国际收支平衡原理是如何被假定能够生效的呢？

对此，米兰提出了自己的强烈质疑，并给出了新的解释：

> 另一种均衡概念是金融均衡，它源于储户在不同国家之间选择投资产品。在这种均衡中，货币（汇率）调整的目的是让投资者在风险及收益调整前提下，对持有不同货币计价资产保持无差异。

如此，按照米兰的上述金融均衡理论，全球经济体之间便是可以达到或实现彼此相互均衡的。可偏偏出现了如下的新情况：

然而，当一个国家的货币同时兼具储备货币属性（正如美国的情况）时，后者的模型就变得更为复杂。由于美国向世界提供储备资产，对美元（USD）和美国国债（UST）的需求并非来源于贸易平衡或风险收益最优化。这些储备功能旨在促进国际贸易，并为大规模储蓄提供通道，这些储蓄往往出于政策原因（如储备或货币管理、主权财富基金）而非单纯追求收益。

由此，与巴菲特发现了贸易逆差必然带来净资产流失困境相比，米兰发现了更为深远且躲藏在双逆差困境背后的庐山真面目，即美元充当国际储备货币之后所必然带来和导致的"储备货币逆差"（服务于本位币的主权利益，简称"储币逆差"）[7]。

一旦发现"储币逆差"的普遍存在——此问题虽系米兰高度关注，但其概念和原理（稍后展开）均系本书著者所总结——问题的焦点就不再是传统西方经济学所能分析的了。无论贸易均衡还是金融均衡，其分析都是货币中性论分析范式下的逻辑推理，都无助于储币顺逆差或储币失衡的相关分析。

相比之下，不引入货币非中性论的广义货币经济学新范式理论，所有关于经济失衡议题的探讨都将陷入隔靴挠痒或无的放矢的泥潭。

4.4 储备货币之逆差、顺差和平衡三层结构原理

给定货币介入型国际贸易，贸易失衡是内生性的，可表示为：

$$\sum USD (Trade/D)_{n+1} <=> \sum USD (Trade/I)_{n+1}$$

在汇率市场化的国际开放经济环境下，即使开放资本账户，仍然会有：

$$\sum USD [(T+Capital)/D]_{n+1} <=> \sum USD [(T+Capital)/D]_{n+1}$$

这种现象的发生，是弗里德曼领衔的货币主义经济学及其随后的货币经济学仅只依据货币数量论与货币中性论所无法揭示的理论存在及真实存在。因为，其根源潜藏在如下两大增长型经济体之间，即：

$$\sum USD [(T+C+G)/D]_{n+1} <=> \sum USD [(T+C+G)/I]_{n+1}$$

它表明，一旦引入储备货币在国际经济体中的必要性存在，尤其当充当国际储备货币的货币系实物锚解体后的主权货币时，

上述两大经济体之间关于储备货币的关系就会必然呈现如下三种不同的情形：

1. $\sum USD\ [\ (T+C+G)\ /D]_{n+1} > \sum USD\ [\ (T+C+G)\ /I]_{n+1}$

2. $\sum USD\ [\ (T+C+G)\ /D]_{n+1} = \sum USD\ [\ (T+C+G)\ /I]_{n+1}$

3. $\sum USD\ [\ (T+C+G)\ /D]_{n+1} < \sum USD\ [\ (T+C+G)\ /I]_{n+1}$

其中，1为储备货币在双经济体中的顺差情形；2为储备货币在双经济体中的平衡情形；3为储备货币在双经济体中的逆差情形。[8]

很显然，增长型双经济体之间也是存在有：储币国际双经济体顺差、储币双经济体平衡和储币双经济体逆差这三种不同情形的。

这种储币双经济体之间的顺逆差及平衡关系，便是估值所依赖的基础和原理[9]。当然，前提条件是，顺逆差及平衡与否的判定机理必须得在统一实物锚或统一储备货币尺度下方能成立[10]。

如此一来，给定开放型国际制度约束，无论国际贸易还是国际收支（国际贸易+国际资本）亦或国际双经济体，都会存在逆差、平衡和顺差的内生性可能。为此，其统一表达式如下：

$\sum USD\ [(T+C+G)\ /D]_{n+1} <=> \sum USD\ [\ (T+C+G)\ /I]_{n+1}$

换言之，在全球开放型经济体之中，且在实物锚解体的条件下，任何主权货币一旦在国际结算货币的基础上，且在资本账户完全开放的基础上，仍然存在储币顺差、储币平衡和储币逆差发生的话，便是储币因服务双经济体所造成的。

换句话说，储币不仅服务国际贸易会造成贸易逆差的发生，同时服务国际贸易和国际资本的国际收支也会造成国际收支逆差的发生，此外服务双经济体时同样会造成双经济体逆差的发生。

一言以蔽之，一国的主权货币成为国际通用货币，是潜藏三种不同制度条件的：国际贸易制度条件、国际资本自由化制度条件、国际开放经济制度条件。每种制度条件皆对应各自的顺差、平衡和逆差。

这便是米兰在巴菲特仅只关注国际贸易逆差的基础上又发现即使金融均衡能够实现，即国际收支能够实现平衡，逆差现象依然存在的核心根源。虽然无法对这种逆差现象的存在给予合理解释，但米兰却发现了美元作为储备货币所带来的第三类逆差现象的普遍存在。无疑，这是米兰的重大发现。关键是他顿悟出了国际贸易逆差、国际收支逆差和美元充当储备货币时仍有逆差发生的深层存在，即本书称为"双经济体逆差"或"本位货币逆差"现象的普遍存在。当然，一旦缺失概念认知的完整性，任何理论的解构和重构都将充满迷茫与陷阱。

4.5 布雷顿森林体系下的特里芬1.0困境

给定1945年布雷顿森林体系开始运行的事实，它随之形成了以标准黄金作为公认实物锚，以美元作为代币与标准黄金之间按固定比例可兑换的代币为基础的"黄金—美元—各国代币"的双固定汇率体制。

这个黄金实物锚与美元代币，再由美元代币与成员国代币之间的双固定汇率制国际体系，便是二战后俗称的布雷顿森林协定体系。

1960年，美国经济学家罗伯特·特里芬出版了《黄金与美元危机——自由兑换的未来》。书中揭示出了一个困境，简称"特里芬困境"或"特里芬难题"。[11]

在此，我们并不关心特里芬困境的原始分析，而意在揭示出即使仅只给定国际贸易的制度约束，也是存在特里芬困境的。

显然，布雷顿森林协定项下，美元之所以能被成员国接受为国际贸易的结算货币，唯一的原因是它与标准黄金之间被协定为可兑换的代币，即每35美元可固定兑换1盎司标准黄金。于是，各国的代币再与美元按固定汇率制绑定后就形成了各国货币与黄金之间也间接绑定的币值稳定型货币体系。如此一来，由布雷顿森林协定所主导的国际美元区贸易体系便蓄势待发，可以整装远行了。

但是，这种设计下的布雷顿森林协定体系是可持续的吗？

为此，特里芬困境的阐述表明，答案是否定的。即，由于各国货币并非直接与黄金绑定（各国已无黄金可以绑定），故各国的代币并无锚可做绑定，唯有依托美元作为锚定物方能正常发挥效用，所以布雷顿森林协定项下美元其实发挥着成员国货币之锚定物的作用。[12]

如此一来，战后经济的发展一定会呈现美元区经济优先于成员国本币经济的内生驱动。毕竟，可获得美元的经济增长是有可兑换黄金作锚定保障的，而只能获得本国货币之经济增长的则没有可兑换黄金作锚定保障。两者相比，一定是美元区经济更具吸引力。如果深究，我们不难发现，这便是受良币驱逐劣币原理所决定和制约的。

这意味着，由布雷顿森林协定体系所创建的国际经济体系实质上是一个美元进口导向型经济。相应地，对其他成员国而言，则是出口导向型经济。这种由广义货币原理（非中性）所决定的国际经济体制，从一开始就注定了是不具有可持续原理做支撑的。[13]

那么，为什么必定如此呢？

受良币驱逐劣币原理的制约和指引，成员国的生产体制只要条件允许都会在理性原则的指引下去主动从事可交换到良币的生产供给，故美元区经济会比成员国本币经济更具吸引力。由此必

第四章　美元霸权"巴米税"的新梦想　　137

然会导致出口和顺差经济的优先增长与繁荣。[14]

一言以蔽之，布雷顿森林协定体系从设计之初就根本没有考虑如何朝着国际收支平衡体制的方向去发展。否则美元如何输出出去呢？

有鉴于此，当美元成为贸易的顺差所得时，借助双固定汇率协定的制度安排，成员国迅速成为美国所持黄金的新主人，而且贸易顺差越多，黄金被转移至顺差国名下的规模就越大，根本无须受国际收支平衡的任何制约。如此，重商主义的旧梦彼时被彻底唤醒了。[15]

当美国人恍然大悟明白过来时，布雷顿森林协定所潜藏的危害木已成舟，已经无法挽回。美元作为国际贸易结算货币的地位在顺差美元绑定标准黄金下的不断流失变得越来越不具有清偿能力了。毕竟，黄金净头寸趋于零所对应的美元很难再具有可信的清偿能力了。

至此，美国社会，包括欧洲社会才从货币数量论的陈旧观念误导下终于悟出了些门道，终于明白了货币不仅涉及数量维度，更重要的是还涉及货币自身的价值维度。

给定如此，特里芬困境的发现实属浅层发现，因为它没能揭示出导致困境存在的真正根源到底是什么。其实它是美元价值的增量创造和其数量供给之间的失衡。即，美元在数量上处于持续供给状态，但其增量供给的价值源泉却陷入萎缩。这才是导致美元在布雷顿森林协定项下数量供给和价值清偿之间出现失衡的核心困境之所在。

事实上，虽然缺失货币价值论作支撑，特里芬的论述还是绕不开美元价值来分析的。美元之所以被接受为可充当国际贸易的结算货币，显然就在于其与黄金之间维系着可兑换的固定比率，即黄金为美元的有效清偿作了可信背书。可是，倘若借贸易顺差流失的原因，美元背后的黄金经贸易顺差逐渐流失到成员国主权项下的话，那么，美元价值的可信清偿力就消失了。果真，美元为什么还仍然能够继续充当国际贸易的结算货币呢？这便是特里芬困境的另外表述了。

总之，特里芬困境的揭示虽然可以有多种视角和多种不同途径，归根结底还是美元内生价值与其载体物之间无法保持一致所导致的。事实上，1971年8月15日布雷顿森林协定崩溃之后，即使没有黄金实物锚作为美元价值的背书机制，美元不是照旧充当了国际贸易和国际经济的结算和储备货币吗？故实物锚不是特里芬困境的核心之所在。

4.6 实物锚解体后美元国际化的特里芬2.0困境

毋庸置疑，如果将特里芬困境的核心指向美元自身的内生价值和其载体物之间失衡所造成的话，那么，布雷顿森林协定解体后特里芬困境就会依然存在，与黄金实物锚消失之间不存在必然关联。

美元国际化的基本事实是，国际贸易体系升级为国际贸易+国际资本一体化国际经济。各国的对外经济政策也不再仅只关注贸易顺逆差的平衡与否，而是转向关注国际收支整体状态的平衡与否。

20世纪80年代初，在牙买加协定的基础上，美西联手掀起了全球金融自由化的新浪潮。一时间美元资本遍布全球，为新兴市场的崛起奠定了继"欧洲复兴计划"之后更大一轮的自由市场扩张和转型。无疑，效果是立竿见影的。

但是，更大规模且不断增长中的贸易逆差，并没能被美元资本在全球自由流动中给烫平。相反，整个国际货币基金组织创立时的国际收支平衡设想，被证明是彻底失败了。

换言之，即使美元资本自由流动了，不仅贸易逆差失衡没能改善，而且在继续扩大，就连资本流出和流入的资本逆差也随之涌现出来了。其结果是，导致更大号的特里芬困境的接踵而至。即，黄金实物锚的消失根本没能阻止美元充当国际储备货币在1971年8月15日之后仍会遭遇"美元价值与美元载体物"之间显著失衡的继续生效和存在。

虽然借助美债锚延缓了美元的价值源泉困境，但是，国际资本流动所引发的资本账户逆差（海外投资+海外借贷+海外资本市场等）反而造成了"特里芬 2.0 困境"的诞生。所以，米兰在《重构全球贸易体制：使用者手册》中才会将"特里芬困境"上升为"特里芬世界"。

4.7 全球开放型经济体之美元国际化的特里芬 3.0 困境

在全球开放型经济体项下，世界经济已经转型为由国际贸易、国际资本自由流动、国际投资和国际经济所组成的四位一体化程度越来越高的混合型经济体。

由此，国际经济的内生含义已经不再仅由国际贸易和国际资本所定义，而是由越来越成为全球大趋势的国际投资所共同决定了。

国际投资意味着，美元资本要参与到别国的国民经济发展中去了，无论目的如何，其效果都是在促进被投国经济的有效增长和繁荣。

给定如此，国际投资必须得融入所投国经济体系之中，尤其必须得与该国的货币融为一体。如此，国际投资不可能不在"货币锚"的本位原理上和效果上帮助所投国的"货币锚定物本位"中去。

如此一来，只要国际投资不对等，即美国向外的国际投资之总额大于世界各国向美国的国际投资之总额时，美国就会遭遇国际投资之逆差的发生。这种逆差既不是国际贸易逆差，也不是国际资本逆差，而主要是货币锚定物本位增量的逆差，同时也是经济增长率的逆差。此种逆差所带来的投资不对等之失衡困境便是特里芬3.0困境。

因为，在美国若有更好的投资获利产业和机遇的话，美元投资就不会到其他国家去了，包括到中国去投资。更何况，外国的投资条件通常都是非齐次性的。

一言以蔽之，全球开放经济体的完整含义不仅包含有国际贸易，同时还包含有国际资本的自由流动和国际投资。换言之，只要主张并允许资本流动是无国界的，那么，发生美元之特里芬3.0困境就是必然的，是美国无法阻挡的。

4.8 2025年美元储币化的特里芬三困境

今日世界，既充满了特里芬1.0困境，也充满了特里芬2.0困境，同时还充满了特里芬3.0困境。

面对这样一个被米兰称为"特里芬世界"的美元霸权现实，到底该去破解特里芬困境呢，还是在特里芬困境所构成的世界里去探索出一种制度创新的新美国梦呢？

无疑，美国的选择已经清晰无比，就是不想放弃美元霸权，亦即企图在特里芬困境三重叠加的世界里，借助米兰重构计划实现新梦想。

不可否认的是,米兰在《重构全球贸易体制：使用者手册》中的分析已经抵近储币税原理的边缘,其轮廓已经模糊可见。

有鉴于此,美国执意追逐美元霸权新梦想的国运赌注很有可能已箭在弦上不得不发了。但是,它带给世界的将是主权体系的彻底瓦解,而且是以美国垄断国际印钞税和储币税双收益为目标的。无疑,这种非平等的霸权企图,只能通过预谋来强加给世界。

一旦得逞,美国将从此成为人类历史上名副其实的储币税纳贡国,将接纳所有储币税朝贡国的跨国纳税。无疑,这对当前的联合国体制是一种颠覆。故,米兰的重构是更加零和化且更令全球倒退的重构。

相反,如何有效破解特里芬困境,包括1.0体系、2.0体系和3.0体系,全面超越美元霸权的迭代体制,已经成为我们时代的最强音。

无论如何,特里芬困境的实质乃是由货币价值与货币载体物之间失衡或错位所构成和定义的,是完全可解的。人类完全可以朝着一个真正公平的全球双增长经济体稳步转型和共赢迈进。

4.9 美元储币世界,还是"特里芬世界"?

在《重构全球贸易体制：使用者手册》中,米兰花费了较大篇幅来渲染"特里芬世界"的描述，希求以此来强化世界与其个人关于当今时代认知的共情互动。

但是，特里芬的《黄金与美元危机》一书是1960年出版的，在那个时代，实物锚代币体系是人类5000年代代相传的结果，所有关于货币的认知根深蒂固，完全无法想象代币与实物锚之间存在脱钩的可能。果真，代币如何具备可能性以至于可以独立行使货币职能呢？

所以，特里芬困境并不潜藏可以将其从实物锚代币体系转移到非实物锚货币体系项下的通用性原理。然而，特里芬困境背后的原理应该与时俱进，不断进行新的探索，最终实现广义化改造。

换言之，在实物锚代币体系项下，如黄金实物锚和美元代币时代，只要代币的发行出现与实物锚相脱节或超发的现象，就会引发代币的结算职能与其清偿力之间的"二律背反"现象。这种情形根本无须在国际贸易中才被发现。事实上，在任何实物锚代币体系项下都时刻存在。所以，毫无必要将货币现象本身的内生原理非借助外生原理加以阐述和唬人。相反，我们只须承认货币系由内生价值和其外生载体物的一体化结合所构成的，便可以更加统一地找出问题的结症之所在，而无需"特里芬世界"的外生性给定，尤其当特里芬困境本身就存在着多样性和多义化表述时，我们就更需要在这个议题上稍作停留，以便让我们所关注的问题变得更加简单与直白,从而有助于高效地去破解本无须由特里芬困境来指出的货币币值与载体物相背叛的原生问题。

事实上,给定任何货币,根据广义货币经济学原理,它都由交换剩余和承载给定交换剩余之载体物两部分所构成,即:

$$\sum M(ES/F)_{n+1} = \sum M(ES/F)_n + \sum M(ES/F)_\triangle$$

其中,M表示货币,ES表示交换剩余,F表示形式化载体物。变形后有:

$$\frac{\sum M(ES)_{n+1}}{\sum M(F)_{n+1}} <=> 1$$

显然,只要$\sum M(F)_{n+1} > \sum M(ES)_{n+1}$,就可以表示该货币的载体物超发了,以至于该货币的清偿力不足。

相反,如果$\sum M(F)_{n+1} < \sum M(ES)_{n+1}$,则可以表示该货币的载体物通缩了,以至于该货币的清偿力过剩了(货币升值了)。

总之,货币参与交换的结算职能和其有效清偿职能之间始终存在三种内生性的紧密关系:1.不足;2.过剩;3.均衡(稳定)。

所以,特里芬困境完全可以由货币自身的价值和其载体物之间的关系失衡来兼容性替代。即,特里芬困境本质上就是一种货币现象，并无二致。

换言之，给定布雷顿森林协定的双固定化绑定，只要美元超发，即超过美国或美联储所拥有的黄金储备总额（由每盎司35美元所限定），用每盎司35美元所界定的清偿力将瞬间不足。该原理和实物锚代币体制项下的代币超发，没有任何差别。如果有的话，唯一的差别就在于特里芬困境是在布雷顿森林协定体系项下来进行考察的。这么简单的道理难道穿个布雷顿森林协定的马夹，凯恩斯就看不出来了吗？

一言以蔽之，特里芬困境的本质就是传统货币学，是包括西方货币数量论意义上的通货膨胀现象的特定翻版。即，如果因维系布雷顿森林协定体系导致美元贸易出现逆差增长但造成通货膨胀的话，要么放弃布雷顿森林协定体系，要么承受美元不断通胀的无奈现实。为此，我们特将此原理称为之"广义特里芬困境"[16]。

给定如此，就布雷顿森林协定体系而言，"广义特里芬困境"的爆发点：

$$\sum US(R\text{-}Gold)_{n+1} - \sum BS(S\text{-}Gold)_{n+1} = \sum USD(BF)_{n+1}$$

其中，$\sum US(R\text{-}Gold)_{n+1}$为任意给定除初始点以外的美国黄金储备的总和（包括动态正向积累部分）；$\sum BS(S\text{-}Gold)_{n+1}$表示对应时点布雷顿森林协定成员国借助贸易顺差所积累的黄金总和；$\sum \text{USD(BF)}_{n+1}$则表示美元代币在布雷顿森林协定项下借贸易逆差等方式所输出的待赎权美元之总和。

如此，只要上述等式成立，就会立刻触碰"广义特里芬困境"警钟，"广义特里芬困境"就会正式生效，即美元作为布雷顿森林协定下国际贸易的清偿力就开始呈现不足，开始成为违约型的"劣币"。

换言之，上述等式在设计布雷顿森林协定体系的一开始就是明晰的，根本无须引入"特里芬困境"的所谓发现而来多此一举地事后给出提醒。当然，拥有不同的货币理论，理论分析的视角自然会有所不同。

无论如何，世界无须被米兰强调"特里芬世界"的障眼法再次带到阴沟里去。毕竟，即使他本人也没有更加完善的、实现对弗里德曼货币主义经济学之分析工具的超越。如果有的话，他早就会自动放弃"特里芬世界"的表述，而让"美元储备世界"来更优替代了。

4.10 重新分配全球贸易顺差积累的"巴米税"新梦想

就像"广义特里芬困境"存在着由良币转劣币的临界爆发点，即$\sum \text{US(R-Gold)}_{n+1} - \sum \text{BS(S-Gold)}_{n+1} = \sum \text{USD(BF)}_{n+1}$一样，自1971年8月15日以降，美元作为全球储备货币运行至

今,也早已经驶过了自己从良币转为劣币的临界点。

正因如此,米兰的重构计划才是有的放矢的,而不只是一篇与特里芬当年的《黄金与美元危机》相类似的学术文献。

为此,米兰采纳了巴菲特的方案原理,直接动用国家利器,意在直接实施进口关税("巴米税")来将全球贸易顺差积累的一定比例分流给美国,以便调整美元顺逆差失衡加剧的困境,进而确保:1.首先缓解美国联邦政府财政赤字不断增长的压力;2.减缓全球贸易、资本流动和国际投资所带来的美元逆差加速扩张的压力;3.防范巴菲特危机的随时或提早爆发。

用米兰2025年的公开讲话来表述,也就是,如果各国明白美国苦衷的话,可以直接汇钱给美国财政部即可。如此便可以豁免被征收进口关税了。由此可见,围绕美元霸权危机的新梦想,米兰绞尽脑汁想将全球在美元储备货币经济区中的顺差所得之各国总积累,通过所谓进口关税("巴米税")的方式划归给美国。因为,美国已经无力再独自支撑如今深陷泥潭之中的美元霸权体系了。

在米兰的重构计划中,他清醒地意识到,世界各国即使因缴纳"巴米税"会造成新的损失,但与让美元储币体系解体相比还是更优的。如此,米兰非常自信他的重构计划是可行的,虽非最优但也次优。

4.11 美国经济失衡的总根源:"美元估值过高"与动态调整

与巴菲特仅只关注贸易逆差不同,米兰在巴菲特发现危局的基础上已经大大向前进行了更加深入的有关逆差根源的解构与探索。

米兰不仅积极关注各种美元逆差现象,更重要的是他还深入地去深挖美元逆差背后的根源。其中,"美元被高估"便成为主要根源,甚至是头等重要的根源。为此,米兰在重构文章中开宗明义阐述道:

> 经济失衡的根源在于美元的长期高估,这种高估阻碍了国际贸易的平衡,而其背后则是对(美元)储备资产的非弹性需求所驱动。

显然,在2024年11月份发表的全球贸易重构文章中,米兰的目的潜藏多样性,不排除是与美联储的一种试探性对话。然而,贯穿全文不难发现的是,"美元估值过高"的立论仍然是米兰认知美元霸权危局的核心支点。碰巧,此观点正是我们双经济体分析范式的标准内容:

$$\sum USD \left[(T+C+G)/D \right]_{n+1} <=> \sum USD \left[(T+C+G)/I \right]_{n+1}$$

可见，借助对"美元高估"的探究，米兰试图阐述的核心要义就是：为什么会存在国际经济体（含贸易、资本流动和国际投资）对美元的需求居然大于美国国内经济体（同上）对美元需求之如下情形呢？

$$\sum USD\left[(T+C+G)/D\right]_{n+1} < \sum USD\left[(T+C+G)/I\right]_{n+1}$$

给出上述分析式，米兰所关注的根源一目了然，即只要美国经济以外的国际经济体的增长总和持续大于美国经济体的增长总和，假以时日，美元霸权是一定会从如下的初始状态：

$$\sum USD\left[(T+C+G)/D\right]_{n+1} > \sum USD\left[(T+C+G)/I\right]_{n+1}$$

过渡到美元霸权的第二种状态的，即：

$$\sum USD\left[(T+C+G)/D\right]_{n+1} = \sum USD\left[(T+C+G)/I\right]_{n+1}$$

那么，为什么美元霸权又会从上述第二种状态继续演变到：

$$\sum USD\left[(T+C+G)/D\right]_{n+1} < \sum USD\left[(T+C+G)/I\right]_{n+1}$$

第三种状态呢？

显然，根本无须像米兰那么费事且晦涩难懂地予以解答。因为，它一目了然。毕竟，全球经济增长的总和，即使剔除各国本币带来的增长部分，也仍然在总和的积累上是会逐渐大于美国经济增长所能触及的最大边界的。尤其当美国自己所主导的国际投资浪潮越来越离开其本土而进入到其他国家经济体时，这种趋势就更加不可逆了。

所以，美元被高估是不可阻挡的历史大趋势。退一万步说，即使实施了米兰所倡议的进口关税（"巴米税"），美元被高估的历史趋势依旧不可阻挡，不会因实施进口关税（"巴米税"）而发生逆转。

也就是说，只要美国创造出来的净财富总积累不大于国际经济体所创造出来的净财富总积累的话，美元被高估的现象就将会一如继往。除非美元不再充当国际储备货币了，或有更优的备选替代。

有鉴于此，调整上述意义的美元国际高估是不可能的。即，米兰的相关主张毫无理论基础。只要美元继续充当国际储备货币且在缺失有效替代之前，上述估值偏高的现象和趋势就是干预无效或失灵的。如果调整，就只能是美元霸权体制的整体调整。即，借助储币税原理的救助式调整，否则若想继续推行"巴米税"这种调节机制的话，不仅事倍功半，而且得不偿失，甚至竹篮打水一场空。即使快速掌握了储币税的朝贡原理，其实施条件和代价也将是另外一番景象和秩序。

4.12 主动寻求美元危机以求借低估值美元对冲"巴米税"

在米兰的重构计划里，借助实施进口关税（"巴米税"）来调整国际逆差和逆差积累的举措是会引起负效应（消费物价攀升和通胀）的。为此，米兰找到了一种可以有效降低甚至对冲掉上述负效应的策略。该策略被认为可以有效地将进口关税（"巴米税"）的最终税赋承担者从美国国内转嫁给海外出口商及相应的出口国。

在米兰看来，该策略便是借助汇率寻求将美元从低估值状态调整到高估值状态的可控操作。此操作有两种路径：1.借助于美联储的货币政策来影响此番操作的发生；2.米兰假定，只要美国实施进口关税（"巴米税"）也可以导致汇率发生如此变动。为此，米兰论述道：

> 在接下来的分析中，关键问题在于货币在多大程度上调整以抵消国际税收体制变化。例如，Jeanne 和 John（2024）提供了一篇严格的理论论述和文献综述。传统上，货币调整以抵消关税变化的原因是关税改善了贸易

平衡，从而传统上会对货币产生升值压力。但货币也可能会因以下原因而调整：

1. 各国中央银行调整利率以抵消通胀和需求变化；

2. 由于终端供应由比较优势决定，而终端需求则受偏好影响，货币币值也会调整以抵消类似税收的变化；

3. 由于关税国的增长前景相对于被征关税国家改善，从而吸引投资流入（只要关税不超过"最优"水平；下文会讨论）。

为了简化说明这一机制，设：

- p_x 为外国出口商以本币计价的商品价格
- e 表示汇率（以美元为单位的每一单位外国货币）
- τ 为关税率

那么美国进口商支付的价格为：

$p_m = e(1+\tau)p_x$

假设初始条件为 $e=1$ 且 $\tau=0$。

政府对进口征收10%的关税，但外国货币同时贬值10%。此时进口商支付的价格变为：

$p_m = 0.9 \times (1.1) p_x = 0.99 p_x$

换句话说，汇率的变化与关税几乎完全相互抵消。以美元计价的关税后进口价格没有变化。如果关税后进口价格保持不变，那么对于美国经济来说，其通胀影响就会很小（但对于出口国则不然）。

显然，令人难以琢磨的是，米兰认为："政府对进口征收10%的关税，但外国货币同时贬值10%。"但这种关联性怎么可能自动发生呢？

根据广义货币经济学原理，任何货币都有三种内生价格：物价、汇率价格和币值价格。但三者之间并非存在必然的正相关性。例如，一国货币很可能在汇率上处于升值状态，但在国内物价上却陷入贬值状态。给定如此，米兰凭什么说，储币主导国的进口物价因"巴米税"所引发的升值必然会带来该储币在汇价上的同比例升值呢？

换言之，货币的物价，包括进口价格，与其在汇市上的价格之间系虽然存在着一定的函数关系，但绝非简单的线性化和正相关关系。如此，米兰的全球重构计划在对冲进口关税（"巴米税"）的设计方面就被发现是潜藏巨大瑕疵在其中的（相比之下，储币税则是可行的）。

4.13 遏制进口关税负效应发生的储币税国际机制

无疑，任何进口新关税的设立及调升都会带来进口国物价上涨和通胀的负效应发生。同时，对出口商和出口国而言，更是苦不堪言。因为，出口商往往从事的都是出口导向型的生产与供给，其产品往往不易在国内有相同规模的有效市场需求。

但是，当美元霸权遭遇危局困境时，找到临时过渡机制的多边妥协方略，仍是值得通盘考虑的。毕竟，美元是不会自己消失的。[17]

这种多边方略便是让美国放弃设立所谓进口关税（"巴米税"），取而代之以储币税的形式和原理来替代，允许向出口商或出口国家直接征收。当然，这也是美国求之不得的最终目的，但条件关难过。

显然，两种税背后的原理是有差别的，进口关税是一种成本税，而储币税乃是一种收益分配税，两者服务的目标和宗旨截然不同。

首先，进口关税是由美国的进口商在海关报关和清关时需要先行支付的，然后以加价方式再转嫁给接手方下家的，经过层层批发之后最终转嫁给市场零售端消费者的。

而如果是储币税，则根本不同于上述进口关税的流程和目的了。首先是出口商在出口货物到达美国海关时，设定必要流程后所需支付的储币税了。此税种既不是进口关税，也不是出口关税了，而仅只是美国作为国际储备货币的储币国，在提供主权货币美元充当国际储备货币后确实遭遇危局困境时，且美国同意放弃美元霸权后，作为临时多边救助机制而设立的"顺差收益分配税"。所以，它将是使用美元的国家作为救助方主体所自愿支付的一种跨国新税种。[18]

上述临时救助之所以是一种税种或之所以以储币税的名义呈现，其核心原理就在于，这个税种是人类货币事业中最独特的税种，因为任何主权货币只要充当国际储备货币，确实都会遭遇服务国际经济的增长远大于服务其本国经济的增长，进而会发生如下危局困境，即：

$$\sum USD\left[(T+C+G)/D\right]_{n+1} < \sum USD\left[(T+C+G)/I\right]_{n+1}$$

故，为了确保美元储币体系不发生危局事件，为了稳住危局项下的美元币值，实施临时救助机制——救助型储币税机制，是合理的。前提是，美国必须妥协，必须主动放弃美元霸权的垄断企图和挣扎。毕竟，任何主权货币充当国际储备货币，都会遭遇今日美国所遭遇的"广义特里芬困境"。故，应该让储币事业回归人类命运的共同怀抱。

那么，超越主权货币的储备货币是可能的吗？答案是，已经存在无须任何主权货币来充当国际储备货币的"全球独立货币"了[19]。

换言之，一旦被证明且获得公认，国际储备货币的困境本身已经可以在主权货币之外获得破解了。那么，任何主权国家再企图垄断国际储备货币职能的话,就是不可能和不可被接受的了。

如此,一个真正公平化的国际贸易、国际资本和国际投资一体化的新型国际货币经济体,就会随之脱颖而出了。

鉴于上述救助型的储币税机制是全球多边协商的产物,因此它是主动权和主导权双握的跨国税赋机制。美国只能接受,而不可能再行实施任何强迫了。如果美国不守约,在临时过渡期之内的任何时刻,各国均有权抗缴储币税。如此一来,"储币税机制"既可以被美国征用为"朝贡型储币税",也可以被国际社会选用为"救助型储币税"。[20]

4.14 救助型储币税原理与朝贡型储币税原理

储币税原理是人类历史上罕见的一种税收机制。因为它只能发生在一个主权货币同时充当国际结算货币职能或国际资本职能或国际本位职能之国际储备货币之一职能时,且如下条件同时发生的环境下:

$$\sum USD\ [(T+C+G)/D]_{n+1} < \sum USD\ [(T+C+G)/I]_{n+1}$$

唯如此,它才会成为必要的新型税种。其核心目的和目标均是为调节国际主权锚储币体系发生严重失衡机制时，实施收益再分配的。

如果一国的主权货币在充当国际储备（存在上述三种状态或形式）时，从一开始就凭借自身的货币优势强制性收取"朝贡型储币税"的话，只要用储备型货币缴纳"储币税"的话，不仅特里芬困境会自动消失，而且充当储备货币的主导国从此将可以一劳永逸地生活在巴菲特所寓意的"浪费岛"上永享欢乐了。

遗憾呀，西方经济学界倘若能够更早地就发现或揭示出"储币税原理"的话，巴菲特的担忧也就压根儿不会呈现出来了。不仅如此，米兰重构全球贸易体制的宏伟计划同样无须再费周折了。

同此可见，他们共同剑指的焦点问题就都是储币税议题。只可惜，储币税作为中性机制被选用的条件是泾渭分明的。给定如下条件：

$$\sum USD\left[(T+C+G)/D\right]_{n+1} > \sum USD\left[(T+C+G)/I\right]_{n+1}$$

中性化的储币税成为服务朝贡型储币税的条件就是成熟的。相反，一旦应用于如下条件：

$$\sum USD\left[(T+C+G)/D\right]_{n+1} < \sum USD\left[(T+C+G)/I\right]_{n+1}$$

不仅朝贡型储币税是不可能的了，相反只能是"救助型储币税"了。

当前，美国遭遇美元霸权危局困境的最大根源是认知失误造成的，是西方经济学方法论不作为造成的；当然，也是西方哲学和西方认识论失灵的产物；不是靠武力或暴力或权力政治就可以扭转的。

美国方案，包括但不限于特里芬方案、巴菲特方案、米兰方案，只要不能有效地促进全球的增量繁荣，进而确保人类共赢繁荣的终极目标实现，仅靠贪婪地盯在零和世界里搞创新，结局必将不会是人类历史的终结，而只能是美元霸权和美国霸权的终结。

储币税原理是一个全局概念和全局分析新范式，值得认真对待。无论特里芬在《黄金与美元危机》中的"处方"，还是巴菲特在《破解国际贸易逆差背后的危局之道》中的Tariffs之ICs方案，亦或米兰在其《重构全球贸易体制：使用者手册》中的美元对冲进口关税的方案，其实质都是剑指储币税原理的。

只可惜，鉴于西方经济学的整体失灵与失效，甚至方法论的迷失，他们都被禁锢在了西方经济学和西方货币数量论的天井之中而无法遨游于货币非中性世界的自由蓝天。

它导致，无论特里芬，还是巴菲特，还是米兰其实都在以不同的视角、尝试着如何揭开储币税原理的庐山真面目。

怎奈，大概率出于立场的缘故吧，他们所关注的重点都集中在了朝贡型储币税的运行机制方面，故没能关注到储币税原理的本真面目之所在。如此，他们无法不必然会忽略"救助型储币税"的可能性。可惜，储币税原理本身是中性的。它不仅在美元霸权的转型中可以发挥积极作用，关键是它还可以在人类未来的储币事业中发挥不可或缺的作用。

4.15 美元与安全一体化的美债新梦想

米兰清楚地知道，在美元霸权遭遇危局的当下，要想实施美元与进口关税（"巴米税"）的对冲方案，以求化解巴菲特危机的话，难度不仅来自于增量逆差的改善，而且还会来自于存量逆差的改善。

换言之，米兰所描绘的新梦想蓝图同时需要应对上述两大挑战。为此，米兰的雄心壮志表现为：

> 储备债务期限延长的做法实际上将利率风险从美国纳税人转移给了外国纳税人。那么，美国如何才能使其贸易和安全伙伴同意这样一项协议呢？
>
> 首先，可以利用关税作为"棍子"；其次，可以以国防保护伞及失去该保护的风险作为"胡萝卜"；第三，中

央行拥有充足的工具来在更高利率风险面前提供流动性。

由此可见，实施进口关税（"巴米税"）—世纪债券（或永续债券）—安全保护一体化的方案若获成功的话，将意味着美国在联合国体制下独自实施了"美国50州+国家"均纳税的超主权扩张。

可见，米兰重构全球贸易体制的计划，是一个掩耳盗铃的计划，其实质乃是"美国50州+主权国家"纳税一体化的超主权扩张。

换言之，一旦到期美债被世纪化或永续化，相应的国家将被彻底绑定在美国利益至高无上的战车上，进而导致联合国体制和主权平等的国际秩序被彻底颠覆。如此，它比欧洲的超主权联盟更具开创性。

总之，米兰的重构计划新梦想是一种咸鱼翻身的新梦想，一定会把美国的军事优势连同其他领域的综合优势一起放进赌局的新梦想。即，美国梦可否再续辉煌的大转折全被米兰赌在此役成败之上了。

4.16 美国已经丧失了朝贡型储币税的窗口期

二战后，借助美元获拥的垄断地位，美国确实可以称霸世界。

可惜，因西方经济学认知误区的缘故，美国错失了这种弥足珍贵且转瞬即逝的历史机遇。

首先，1944年在布雷顿森林协定体系时，1.美元是无须与黄金之间进行可兑换而按固定比例绑定的；2.即使绑定，也应追求国际收支平衡机制，而不应引入"美元良币、成员国劣币"这种明显弱化美国利益的重商主义制度安排（布雷顿森林协定对美国极为有害）；3.若因美国国内彼时理想主义盛行，选择布雷顿森林协定和体系是政治均衡的结果，那么也应该设立朝贡型储币税作为美元充当国际储备货币的机制性安排（可惜认知不足，错失良机）。

当然，这种马后炮的说法多少有些欠妥，但是它表明，认知失误已经造成美国丧失了本可实施朝贡型储币税的最佳机遇和窗口期。

此外，自布雷顿森林协定体系于1971年8月15日开始解体以降，美国和美联储系仍然有机会第二次自主实施朝贡型储币税的。但是，碍于认知盲区的缘故，美国再次与之擦肩而过。彼时的美国和美联储都被国际印钞税强烈吸引住了，完全意识不到储币税原理的存在，更意识不到还可以从朝贡型储币税中获得一劳永逸的永久利益。奈何，美联储的宗旨并非为美国国家利益的最大化去殚心竭虑。

待巴菲特和米兰继特里芬之后再次关注美元储币困境时，实施朝贡型储币税的窗口期已经时过境迁、大江东去了。再想搏击，已呈暮年之朽，只能祈求救助型储币税了。

4.17 美元霸权的全球巨变博弈

美元霸权的变局，无论终局如何，都将是一场规模和烈度都远胜二战和冷战大变局的更大全球变局。

它牵涉的核心巨变远不限于现行国际体制和经济秩序的大变局，更重要的是，它牵涉了关于未来，关于更大增量未来的大变局。

在这场史无前例、攸关80多亿地球人口总增长、总繁荣、总福祉和总未来的全球巨变面前，美国的零和企图已经暴露无余，已经可以被公认地断定道：它已经输在起跑线上了。

当然，瘦死的骆驼比马大的古训是值得时刻牢记的。毕竟，美元霸权的大变局只有两个极端边界：要么靠纯粹的战争来解决，要么靠纯粹的理性破解。中间道路虽然有，但不会超出上述两者的耦合。

给定如此，本书仅就最优理性路径给出如下简要分析：

1.全球有必要快速达成共识（美国须主动且积极配合）：美

元霸权已经呈现危局，且是内生性危局，即所有主权国家货币充当国际储备货币发展到晚期都会遭遇的危局。

2.破解美元霸权当前危局的理性方案只有两条：要么走朝贡型储币税之路，要么走救助型储币税之路。走中间道路可能性较小。

3.如果走救助型储币税的破解之路，临时救助方案是什么？

4.确保人类共赢繁荣的储备货币机制是什么？又将如何实现？

5.世界新储币经济的秩序是什么？有可商议或博弈的蓝图吗？

给定上述议题框架，借助理性方案是完全可以良性方略来化解美元霸权之危局的。当然，放弃美元霸权的代价是美国当前不愿接受的。

4.18 全球顺差国救助型储币税或全球顺差产业去美元化进程

毫无疑问，能够参与美元储币税救助多边协定的国家，一定得是拥有美元储备货币的顺差国，而且最好得有一定的规模。

对那些没有美元顺差或美元的国际收支长期处于平衡状态之

内的国家而言，参不参加美元储币税救助多边协定，前期的意义不大，但是，欢迎一律参加，以防万一随时拥有美元顺差或其替代物。

美元霸权的暮年已经拉响警钟。任何国家只要在全球美元顺差国的名录上，就都面临了如何能在可持续增长的轨道上实现去美元化的新挑战。全球美元储备货币转型的意义重大，是必须破解的难题。

唯如此，才能真正帮助美国完成生产和财富创造的彻底回归，从而令美国从一个"寄生虫"或"浪费岛"之国转型为一个正常国家。

换言之，无论是特里芬，还是巴菲特，亦或是米兰都故意不将事实的真相告知于美国人民，告知于主要由中产阶级组成的美国社会。即只要放弃美元霸权，放弃国际储备货币的垄断地位，无论愿意与否，所有支撑美国社会赖以生存和生活所必需的商品生产和制造业就都会快速回归到美国，根本无须米兰借助全球重构计划来费劲推动。

毕竟，只要美元充当国际储备货币可被替代，就没有哪个国家会继续追求美元顺差了。如此，美国到哪里去获得逆差所对应的巨量消费品呢？显然，如果想继续享受美元逆差消费品的话，美国就得要么自己生产，要么创造出价值等量的出口产品，否则还想借美元霸权的垄断地位，依托庞氏骗局原理，继续白吃白喝，已经是不可能的了。彼时巴菲特指出的"代际不平等"问题注定会在美国发生。

4.19 如何应对美债危机和财政赤字的美联储？

全球巨变博弈进程中和之后，如果美国不得不放弃美元霸权之垄断地位的话，美元会因36万亿美债的到期承压而一同狂贬吗？

亦或，存在美元狂贬承压底线或狂贬停留在怎样区间的问题吗？

显然，美元和美债是两个不同的范畴。美元归属美联储，而美债则归属美国联邦政府。换言之，美债违约是美国国家信用的违约，不是美联储的违约。无论美债是否到期会违约，美联储都会守住美元承压的底线，不会让它一落千丈的。如果真发生美元狂跌的话，不仅美国的国家信用会荡然无存，就连美联储的信用也会因货币黑洞而难以为继。果真，若无美元替代，与世界末日降临还有什么区别吗？

分析至此，焦点问题已经凸显出来了：美联储的承压底线到底有没有？如果有，会在哪里？美联储反过来会重组美债违约的美国吗？

显然，整个世界需要重新认知的是，只要美债违约，就等于美国作为一个国家已经破产。届时美联储依然存在，甚至健康依旧。

即，在一定意义上讲，美国是附属于美元霸权之上的，而非相反。这个谜底倘若不被尽早揭示出来的话，整个世界都可能深陷迷局之中而不得其解，更无法抽身，想再看清美国的全貌恐怕就不那么容易了。

有鉴于此，我们必须清醒地认知到，美元和美债在底层逻辑上不是一回事。即，美国是可以破产的，但美联储可以破产吗？

一言以蔽之，美国的真正阿喀琉斯之踵不是别的，而是美联储。

在美元霸权的巨变中，到底是美国国有化美联储呢，还是美联储择机重组美国呢？此命题可谓画龙点睛，精彩纷呈，令人着迷。

4.20 美国政府与美联储的博弈

美国是奇特之国。很少人认识到，美国政府与美联储之间竟然会有一天就美元霸权终局的何去何从，展开超级大博弈。

毕竟，美元是美联储的美元，不完全掌控在美国联邦政府的权限之内。相反，美国所遭遇的净资产流失困境却主要是美联储一手造成的。这种情形极为怪异，是当今世界实施善意重组的最大不确定性。

有意思的是，此情此景借美国尼克松时代其财长康纳利曾经说过的那句著名的话"美元是我们的货币，麻烦却是你们的"来比喻的话，将最为恰当："美元是美联储的，麻烦却是美国的。"

这个现实残忍无比，令人难以接受，更令美国难以接受。但这却是极难改变的原理现实。如果改变，会惊天地、泣鬼神，横扫一切。

所以，美元霸权的巨变，首先是美国和美联储之间陈旧制度扬弃的巨变。它们之间的厮杀必定会在这场超级巨变中首先浮出水面。

美联储借美国之躯已经壮大到了可以鲸吞整个世界的如今体量。在接下来的巨变中，美联储的出招才是无影神功的杀招。与之相比，美国联邦政府能做的将越来越有限。尤其2025年6月，当6.5万亿美元到期美债需要偿还时，倒下的很可能先是美国联邦政府。

至此，我们有理由确信，美债危局好解决，但美元问题则隐身于无形，完全不是米兰在全球重构计划中所能想明白和破解的迷局。

只要美元不被国有化，美国和美联储之间的主导权之争和博弈就不会停止。更有可能的是，先行破产的美国会被美联储再次创新重组。至于被重组后的美国将会怎样，无疑是一个惊世骇俗的超级大问号。

第五章

全球储币学原理

迄今为止，自货币以自发方式在历史上获得起源且诞生了实物货币以降，在经历了漫长的演变和进化后，人类的货币史才正式步入到现代标准化货币的新纪元。

自标准化实物铸币以降，人类开启了货币事业的广泛探索和实践。

大约在15世纪末期地理大发现时代，西方货币事业取得了跨越式的发展，发明了实物锚代币体系。

伴随实物锚代币体系的诞生，商业银行快速崛起，成为货币事业的先锋。但是，劣币驱逐良币的现象蔚然成风，堆积成了货币事业领域的一朵乌云。

随着荷西之战荷兰获胜，荷兰于1609年开创了人类历史上第一个奠定中央银行雏形的阿姆斯特丹市属银行。

1694年英格兰银行诞生后且于1844年经《皮儿条例》生效的制度背书，中央银行和商业银行彼此分离后的独立型央行体制正式诞生。

在实物锚代币时代，国际储备货币的必要性是不存在的。所有的问题主要集中在实物锚数量的规模差异上及其国际收支平衡体制上。

但是，当具有统一基础的实物锚代币体制消失后，实物锚的替代机制首次成为人类货币事业的"黑洞领域"，无人知晓。

5.0 国际储币体系的起源与展望

在悠久的人类货币史进程中，无论实物货币时代，还是实物铸币时代或实物锚代币时代，关于国际储备货币的认知都系完全失灵。

然而，根据广义货币经济学，设立国际储备货币的必要性始终是存在的。只因在西方货币数量论的旧范式中无法呈现其必要性罢了。

当布雷顿森林协定体系于1971年8月15日遭遇解体后，尤其在牙买加协定于1976年开始生效后——其中约定了黄金的非货币化共识，国家和国家之间开展国际贸易的结算困境就凸显出来了。

于是，在实物锚解体后的时代，国际贸易的结算该用哪国货币的问题就第一次成为了"国际储币学"无法回避的初始起源问题。[1]

此难题至今未解，一直成为了国际货币体系的基石问题和疑难。

这种情形的发生和存在不得不说，既令人遗憾又令人十分感慨。它让世界不明白的是，庞大的西方经济学体系都在干什么呢？

早在1960年罗伯特·特里芬就出版了《黄金与美元危机》一书。怎奈，时至今日的西方经济学竟然仍旧原地踏地，让此问题依然悬而未解，躺在那里。为此，不能不说，十分无语。

当牙买加协定于1976年生效时，美元的国际地位显然毫无经济学原理作支撑，可为什么庞大无比的西方经济学体系竟然找不出更优的破解之道呢？

幸运的是，西方经济学的无为之举竟然留给广义货币经济学一个难能可贵的重大机遇：开创"国际储币学原理"的系统性构建。

5.1 国际收支双平衡原理

根据广义货币经济学原理项下的广义货币学原理，任何货币都是有自身内生性起源价值的。据此，货币的内生性价值乃是由交换剩余所定义和始终伴随的。

给定如此，无论实物货币，还是实物铸币，或实物锚代币，都可由如下统一的表达式来体现：

$$\sum M(P、C、A)^{[2]}_{n+1} = \frac{\sum M(Value)_{n+1}}{\sum M(Form)_{n+1}} <=> 1$$

给定如此，任何货币都是由其价值和载体物两部分所构成，而非仅只由载体物单一决定和构成。例如，黄金就是黄金，并非货币。当只有当黄金要么以实物的形式，要么以铸币的形式，要么以实物锚的形式充当货币价值的载体物时，黄金才具有货币价值的载体物属性。其中，在代币时代，按标准化品质成为各国代币的实物锚载体。

总之，任何贵金属，包括黄金，本身都不是货币，亦非货币价值的本尊之所在。它们仅只扮演着货币价值的载体物角色——除了充当实物的黄金。如此一来，即使两个国家都分别拥有相同标准化品质的黄金，但鉴于各自经济增长所创造出来的交换剩余之有效积累不同，凝结到两国所拥有的黄金之中的交换剩余之积累也就随之不尽相同。由此，相同黄金所承载的货币价值并非必然相同或等价。

然而，鉴于交换剩余向其载体物中的凝结具有外部性效应的缘故，所以，经济增长率高的交换剩余积累会比经济增长率相对较低的交换剩余积累具有更优的积累效率。即，货币价值高者有效。

给定如此，在实物锚代币时代，经济越发达，货币购买力就越高。故同品质实物锚载体物会被其所有者选择去经济发达的国度交易，去充当货币价值高积累的载体物，而不愿意在本国去充当货币价值低的载体物。即，货币的载体物是随货币价值高积累的方向流动的。

这意味着，即使在实物锚代币时代，货币载体物也是沿着购买力更优的方向在流动，或沿着投资回报更高的方向在流动。

如果自由开放，休谟所阐述的有关金属铸币在国家间流动失衡后会自动趋于平衡的早期货币数量论，就是不能成立的。

如此，实物锚代币体制项下的国际收支平衡之制度安排就只能在非开放条件下方能有效，否则，只要开放，货币载体物就会朝着购买力更优的国度去流动。

换言之，重商主义时代国际收支平衡的制度安排，其理论依据到底是指货币的价值收支平衡呢？还是货币的载体物的收支平衡呢？亦或货币的价值与其载体物首先平衡后的国际收支再平衡呢？

显然，如果仅只是货币载体物的国际收支平衡的话，那么就必须保持国际贸易体系不能是自由开放型的。相反，一旦选择开放型的，国际收支就不能限定为货币载体物的平衡，而必须得是货币价值的同时平衡。即，只有确保双平衡同时发生，国际收支平衡才是可能的。为此，我们特将其称为"国际收支双平衡原理"[3]。

当然，在历史实践中，自重商主义转型而来的国际收支平衡原理在实际中的解读，其实仅限于货币载体物之间的国际收支平衡，完全没能兼顾到货币价值之间的国际收支平衡。由此可见，不彻底搞清楚国际收支平衡到底在平衡什么的问题，由国际储备货币所引发的逆差和顺差的完整货币学意义就将模棱两可，进而无法有效破解。

5.2 国际实物锚储币体系及其危局困境

1971年8月15日布雷顿森林协定体系解体之前，各国货币体系均系实物锚代币体系，同时混合有实物铸币和金属实物货币。

给定5.1项下国际收支双平衡原理，历史上自重商主义沿革下来的国际收支平衡体制，实际上仅只是国际收支实物锚载体物平衡体制，既非国际收支货币价值平衡体制，也非国际收支双平衡体制。

如此一来，各国经济增长率之间只要存在不同的话，各自对应的实物锚载体物的追随性供给只要无法确保平衡，那么，各国的实物锚与其代币之间就必然会呈现三种情形之一：通胀、通缩、平衡。

于是，即使各国之间是非自由开放的，只要克服交易成本之后的净收益存在，通胀型国家的代币和载体物向通缩型国家流动的内生性动力就会必然存在。西班牙曾经辉煌过的历史便是最好的例证。

当载体物的存在总量在给定时期内是稀缺时，任何国家的经济增长就既受自然稀缺性的制约，同时也受"非法流动失灵与否"的制约。如果非法流动充分，经济增长就会保持旺盛；倘若相反，经济增长就会遇到通缩的阻碍。如此，就会在整体上造成如下局面：

$$\sum G\text{（各国）}_{n+1} <=> \sum MPA\text{（各国）}_{n+1}$$

其中，$\sum G$（各国）$_{n+1}$表示给定考察期之初始期n过后的第一个考察期n+1所对应的各国经济增长总和，G表示增长；此外，$\sum MPA$（各国）$_{n+1}$表示给定考察期之初始期n过后的第一个考察期n+1所对应的各国实物锚载体物总和，MPA表示Monetary Physical Anchor。

给定$\sum MPA$（各国）$_{n+1}$之总量和增量均受自然稀缺性所制约，实物锚代币时代，各国的经济增长就是受MPA总量之上限所限制的。

换言之，各国经济增长的总和只能局限在小于或等于$\sum MPA$（各国）$_{n+1}$的范畴之内，一旦超越，就会受到自然稀缺性所导致的实物锚短缺所带来的通缩的刚性制约。

此原理系实物锚代币时代的"世界经济的第一增长定律"[4]。

除此之外，因各国经济增长率不同带来的发展不平衡也必然会导致"各国实物锚限制出境的失灵"，进而导致"非法流动机制"的存在。由此带来的经济增长可称为"世界经济的第二增长定律"[5]。

第三，还有不断开采出来的新增实物锚所推动的经济增长，为此相应地称之为"世界经济的第三增长定律"[6]。

第四，由币值改革和币制（复本位制）改革所推动的经济增长，相应地称之为"世界经济的第四增长定律"[7]。

第五，由市场化劣币驱逐良币所推动的经济增长，相应地称之为"世界经济的第五增长定律"[8]。

第六，由阿姆斯特丹市属银行所代表的中央银行雏形机制所推动的经济增长，相应地称之为"世界经济的第六增长定律"[9]。

第七，由英格兰银行于1844年获《皮儿条例》背书所代表的英式央行体制所推动的经济增长，称之为"世界经济的第七增长定律"[10]。

由此可见，在实物锚代币时代，亦即在1971年布雷顿森林协定体系解体之前，世界经济增长的七大定律可以简单概括如上。在此约束项下，由于实物锚具有物理属性的统一性，因此各国的实物锚都是互为储备货币的。亦即，实物锚货币与储备货币之间并无差别。但是，实物锚约束下经济增长的绝对困境系实物锚稀缺性无法被克服所致。

5.3 国际主权锚储币体系及其危局困境

1971年8月15日是人类货币史上最富传奇色彩的一天。这一天的重要意义始终被布雷顿森林协定体系的盛大解体所遮蔽，而没能被完整地发现，即在其背后实际上还潜藏着一个远比布雷顿森林协定解体重要得多，甚至无法相提并论的历史大事件，那就是，相伴相随人类5000年之久的实物锚货币体系彻底解体了。从此，人类开启了可摆脱自然稀缺性制约后的货币型经济大发展的新篇章。

当布雷顿森林协定体系惨遭解体之后，仍在各国流通中的代币一下子与实物锚脱钩了，成了无冕之王。原本的代币转眼间成为货币本身。于是乎，人类拼命也要找出一个理由来以便填补已经固化理解货币的思维定势。主权货币便是一个最方便的权宜之计。于是，"信用货币"的概念开始流行。当然，西方社会更愿意将其称之为"Fiat Money"。

无论如何，逻辑上更容易承上启下的表达系"主权锚代币"体系；它正式取代了实物锚代币体系。至于"主权锚"为何物仍需时间来演化。

那么，从实物锚代币体系到主权锚代币体系的变迁，是否带来了世界经济增长的更大发展呢？

答案是超级肯定的。

与实物锚代币时代各国经济增长与全球货币的关系是一样的：

$$\sum G（各国）_{n+1} <=> \sum SFM（各国）_{n+1}$$

其中，$\sum G（各国）_{n+1}$同上，$\sum SFM（各国）_{n+1}$则表示给定考察

期之初始期 n 过后的第一个考察期 n+1 所对应的各国主权锚代币的总和，SFM 表示 Sovereign Fiat Money。

显然，在 $\sum G$（各国）n+1 <=> $\sum SFM$（各国）n+1 中，货币供给端发生了重大变化，即 $\sum SFM$（各国）n+1 不再受自然稀缺性的制约，可无限供给了。毕竟，SFM 货币的供给与自然稀缺性无关了。

为此，我们特将此原理称为"世界经济的无限增长定律"[11]。

给定如此，世界经济是否就可以大鹏展翅、自由飞翔了呢？

答案仍然不是。原因就在于，所有主权国家在货币供给方面虽然摆脱了自然稀缺性的制约，只须根据货币的增量创造便可实施供给了，但是，国家之间开展国际贸易所需要的结算货币该如何确定呢？

该问题便构成了"全球储币学原理"的第二个基石问题[12]。

怎奈，实物锚代币体制解体之后，人类货币体系便整体步入了 N+0 总边界的新时代，其中 N 表示各国的主权锚货币数量，0 表示在各国主权锚货币之外不再存在任何其他形态的货币了。为此，我们特将该体系称为"全球 N+0 主权锚货币体系"。

那么，该由怎样的货币或哪国货币来充当国际贸易结算货币呢？

如果由任意国家的主权锚货币来充当的话，则必然意味着：

$$\sum \text{SFM}（储币国）_{n+1} <=> \sum G（储币国）_{n+1}$$
$$+ \sum G（其他各国）_{n+1}$$

即，一个国家的主权锚货币需要同时服务两大货币体制项下不尽相同的经济体：本国经济体和国际经济体（由世界其余国家所组成）。

这样一来，其分析原理就与我们的双经济体分析原理完全一致了。即，凡主权锚货币兼顾充当国际结算、国际资本和国际投资之储备货币的，都会遭遇巴菲特的发现：终有一天会遭遇净资产流失、归零、归负的危局困境。

换言之，给定由单一主权锚货币充当国际储备货币的国际货币体制，其储币学原理必定面临与美元霸权所遭遇的危局困境完全一样的危局困境。任何国家均无例外。

也就是说，美元霸权困境，从原理上说，不是美国的国家困境，主要是由单一国家主权锚货币兼顾充当国际储备货币所必然带来的危局困境。即，由任何国家的主权锚货币来充当国际储备货币的话，遭遇此番危局困境的结局，都是无法避免和无一例外的。

那么，这种主权锚货币兼顾充当国际储备货币的体制危局是可解的吗？

答案是肯定的。那便是：储币税原理，可有效破解失衡困境。

换言之，借助储币税原理，国际主权锚储币体系项下的危局困境是可解的。如果在早期，即当储币所服务的本国经济增长率大于所服务的国际经济增长率时，即：

$$\sum G（储币国）_{n+1} > \sum G（其他各国）_{n+1}$$

则可以"朝贡型储币税"的方式加以防范。若是到了晚期，即当储币服务的本国经济增长率明显小于所服务的国际经济增长率时，即：

$$\sum G（储币国）_{n+1} < \sum G（其他各国）_{n+1}$$

则实施"朝贡型储币税"的难度不仅过大，而且几乎是不可行的；相比之下，此时只能实施"救助型储币税"的多边方案。

除了借助储币税原理，根据具体条件要么实施"朝贡型储币税"，要么实施"救助型储币税"之外，不可能有任何第三条道路可走。

显然，米兰在重构计划中的进口关税（"巴米税"）方案，其实仅只是朝贡型储币税之雏形前的混沌状态，其整体构建尚未成熟。

5.4 国际互换锚储币体系及其危局困境

在非实物锚货币时代，国际货币体系的第一个实际运行中的体系便是"国际美元锚储币体系"。该体系的核心困境和储币税原理的破解方案及其实施路径，已在本书中给出了框架分析。

那么，在非实物锚货币时代，除了"国际主权锚储币体系"之国际货币体系之外，还有其他可行的备选方案吗？

答案便是"国际互换锚储币体系"。

显然，借助主权国家之间的主权货币互换在先，然后再开展国际贸易和国际资本流动以及国际投资的话，也是可行的。如此也可以有效确保"全球N+0主权锚货币体系"约束项下，国际经济的正常运作。

那么，该货币互换体制的运行也存在失衡型的危局困境吗？

显然，在非实物锚代币时代，货币的载体物已经可以忽略不计了。故，A和B两国之间的主权锚代币互换可以表示为：

$$\sum Ra（GPPma）_n / \sum Rb（GPPmb）_n = X（商定汇率）$$

但是，由于各国经济的增长率不同，故其代币所对应的购买力也随之不同，于是有：

$$\sum Ra（GPPma）_{n+1}=\sum Ra（GPPma）_n+\sum Ra（GPPma）\triangle$$

$$\sum Rb（GPPmb）_{n+1}=\sum Rb（GPPmb）_n+\sum Ra（GPPmb）\triangle$$

故，到约定清算时，A和B两国代币的购买力会分别有如下三种可能：1.升值；2.贬值；3.保持币值不变。于是，两国代币之间的关系可以呈现出如下九种可能性之一：

a1）A｜Ma（GPP）$_{n+1}$ 升值 ∧ b1）B｜Mb（GPP）$_{n+1}$ 升值

a2）A｜Ma（GPP）$_{n+1}$ 贬值 ∧ b1）B｜Mb（GPP）$_{n+1}$ 升值

a3）A｜Ma（GPP）$_{n+1}$ 稳值 ∧ b1）B｜Mb（GPP）$_{n+1}$ 升值

a1）A｜Ma（GPP）$_{n+1}$ 升值 ∧ b2）B｜Mb（GPP）$_{n+1}$ 贬值

a2）A｜Ma（GPP）$_{n+1}$ 贬值 ∧ b2）B｜Mb（GPP）$_{n+1}$ 贬值

a3）A｜Ma（GPP）$_{n+1}$ 稳值 ∧ b2）B｜Mb（GPP）$_{n+1}$ 贬值

a1）A｜Ma（GPP）$_{n+1}$ 升值 ∧ b3）B｜Mb（GPP）$_{n+1}$ 稳值

a2）A｜Ma（GPP）$_{n+1}$ 贬值 ∧ b3）B｜Mb（GPP）$_{n+1}$ 稳值

a3）A｜Ma（GPP）$_{n+1}$ 稳值 ∧ b3）B｜Mb（GPP）$_{n+1}$ 稳值

给定如此，在双方宏观预期不变的情况下，如果呈现：

$$a1）\wedge b1）$$
$$a3）\wedge b1）$$
$$a1）\wedge b3）$$
$$a3）\wedge b3）$$

中的任何情形之一的话，对双方而言都是可接受的。但是，倘若呈现：

$$a2) \wedge b1)$$
$$a1) \wedge b2)$$
$$a3) \wedge b2)$$
$$a2) \wedge b3)$$

中的任何情形之一的话，双方之中至少一方将是难以接受的或需付出代价才能接受的。当然，如果呈现如下最糟糕的情形的话：

$$a2) \wedge b2)$$

即，呈现双方皆亏情形的话，排除各自国内原因后，这种互换锚储币体系对于给定任何两国开展国际经济而言，就都是无法互利的。

有鉴于此，我们特别把对双方而言均有利或可接受的四组可能性统称为"国际互惠互利双赢型互换锚储币体系"，简称"国际双赢型互换锚储币体系"，可进一步简称为"国际双互锚储币体系"。

与此同时，我们特把导致互换锚之一受损的四组可能性统称为"国际单损型互换锚储币体系"。

最后，我们把导致互换锚双方均受损的唯一一组可能性称为"国际双损型互换锚储币体系"。

这样一来，国际互换锚储币体系的庐山真面目就被呈现出来了：

$$\frac{\sum \text{GPP}（双赢型互换锚储币体系）n+1}{\sum \text{GPP}（单损型互换锚储币体系）n+1 + \sum \text{GPP}（双损型互换锚储币体系）n+1} <=> 1$$

显然，只要"国际互换锚储币体系"的体征值大于1就是可为的；小于1就是不可为的；等于1则充满可为与不可为之间的不确定性。

至此，潜藏在"国际互换锚储币体系"项下的隐患首先被证明是存在的；其次揭示了其存在的具体方式。那么，这种国际互换锚储币体制也会导致失衡危局或困境的发生吗？

显然，在国际互换锚储币体系下，货币互换的任意两个国家都会面临双货币环境，即每个国家都实际拥有两种货币（最简单模型），故必然会导致其经济体在实际运行时面临"劣币和良币"相互竞争的相关环境和议题。

给定如此，对于本币为良币、外币为劣币的互换而言，其经济体的行为照旧。但是，相对本币为劣币、外币为良币的货币互换而言，情况就会复杂起来。因为，其经济体会在"良币驱逐劣币获利机制"的驱使下被塑造成双货币内部竞争型经济体。不仅如此，其货币当局很可能会以"良质外币"为锚定物实施自身基础货币的本币化扩张。

一旦如此，互换锚就容易滑落为"主权锚"，进而成为别国的国际储备货币。这种情形之所以可能，主要因为在互换时约好的清算日到期时，弱势货币国只需保留结算剩余即可，即在事实上造成强势货币国完成对弱势货币国的进口，而弱势货币国对强势货币的进口却仍有尚未完成的缺口。果真，此种情形的效果便等效于强势货币国进口多、出口少，最终结果完全等效于"外币逆差"（储币锚）的发生。

不难想见，上述情形只要长此以往或积累到一定规模，国际互换锚储币体系就会退化为国际主权锚储币体系。

那么，如何可以有效避免此种情形的发生呢？

答案便是"结余税原理"[13]。

换言之，针对国际互换锚储币体系，为了使其可以有效且正常地运行，不至于滑向国际主权锚储币体系，即为了防止借货币互换为名，行储备货币之实，在两国货币互换的清算日必须进行清算。如果清算后一国仍有对方国货币结余的话，那么便应以"结余税原理"的方式进行征收和调整（具体规则另设），直至国际互换平衡获得实现。

5.5 国际互换结余税原理与国际互换平衡体系

给定国际互换锚储币体系与国际主权锚储币体系彼此不兼容的制度原理，为了维系国际互换锚储币体系的有效运行，即将其隐患从理论上给予必然的根除，本书特设"国际互换结余税"，以期将弱势货币国家企图将强势货币变相转为储备货币来违约使用的风险变得可控；如此，便可以确保国际互换锚储币体系能够沿着自身的运行机制来运行，而不被利用或不被打劫成国际主权锚储币体系了。

无疑，国际互换结余税的功效就是为了有效阻止"逆差型贸易"的发生。因为，任何逆差型贸易的背后都潜藏着"国际印钞税"。

此外，凡"国际互换结余税"皆以结余货币计征且直接进行缴纳，从而减少了结余存量，进而可以起到立竿见影的效果。

换言之，只要国际互换锚储币体系的体征值大于1，实施"国际互换结余税"（具体规则和税率等另行阐述）就是可以确保该体系能够实现"国际互换平衡体系"有效运行的。

无论如何，国际互换锚储币体系是一个可以对"国际主权锚储币体系"实现有效替代的国际货币体系。

只是这个体系仍然内辖除体征值等于1和小于1时的诸多困境和风险之外其他涉及两国货币互换后，各自所临时拥有的对方货币该如何处置的问题：是浪费式闲置在那里吗？还是可以反向借贷或投资回其母国呢？如此操作的效果和风险又将如何处置呢？

如果无息闲置在那里的话，这种用于国际互换的货币是M2呢，还是M1呢？亦或应该是M0才安全些？如此，会带来庞大的与国际金融密切相关的系列化问题。终上所述，解体弊端仍然显著。

5.6 全球N+0主权货币体系与再论国际收支平衡

国际货币体系是一个货币学和经济学双空白的领域。迄今为止，近乎没有理论的支撑。除休谟的"国际收支贵金属货币自动调节平衡"假说之外，就是古斯塔夫·卡塞尔根据一价论原理所构建的"购买力平价理论"[14]，以及弗里德曼的自由浮动汇率制理论。

怎奈，三者都解释不了，国际收支平衡这种天天挂在嘴边，且早被写进国际货币基金组织原始章程中的表达。换言之，其理论依据到底是什么或有无理论依据或到底平衡什么等问题，始终悬而未解。

显然，给定任意两个国家，如果国际收支平衡至关重要，那么，双边开展易货贸易则是最优的选择。因为，任何一个单项易货贸易和其年度总累计的总额型易货贸易都始终是平衡的，根本无须涉及任何顺差、逆差或平衡与否的担忧。

那么，人类为什么不选择易货贸易呢？

显然，此问题是没有现成的理论给予有效应答的，泛泛的解释就是，使用货币能够带来更多便利。那么，这些便利到底是些什么呢？即，使用货币会带来国际收支失衡的麻烦比不使用货币更有利于人类经济发展的根源到底是什么呢？为什么会如此呢？

显然，这些问题仍然无理论能够给予有效的解答。在此领域中，西方经济学及其国际贸易理论全面失灵和失效。

相反，根据广义货币经济学原理，货币首先是有其自身内生价值的。在历史上，它们表现为实物货币的真实存在。诸如人类历史文献承传下来的牛、羊和标准容器的谷物等都曾经扮演过人类早期的货币职能。此时的货币是自发性货币，还没被规范到特定载体物之中。[15]

伴随实物铸币在历史上的呈现，以实物本真价值形态存在的实物货币开始消失，并逐渐转化为被载体物规范的货币形态。至此，人类的货币事业进入到了自身发展的第二个历史阶段：实物铸币阶段。

在实物铸币时代，凡货币皆由两部分所构成：第一，货币价值；第二，承载货币价值的载体物，即：

$$\sum M(S)_{n+1} = \frac{\sum M(Value)_{n+1}}{\sum M(Form)_{n+1}}$$

其中，M（S）表示标准化货币（Standardization Money）；$\sum M$（Value）表示货币价值，简称$\sum M$（V）；$\sum M$（Form）表示承载货币价值

的形式化载体物，简称ΣM（F）。

这是人类关于货币认知的关键转折点。至此之后，原始起源型的纯粹实物货币便开始逐渐消失，而被非自发起源的复合货币替代。无疑，这是人类货币史的重大转折，是"载体物货币"的历史缘起。

给定如此，重商主义时代和博丹以降的货币数量论时代，尤其以休谟的国际贵金属载体物收支自动调节论为参照物的时代所对应的国际收支平衡论，仅只是关于"国际货币载体物收支平衡"的相关主张，除此之外，并不具有更多的货币学含义。

那么，存在"国际货币载体物收支平衡"原理吗？

显然，如果休谟所论述的"国际贵金属载体物收支自动调节机制"成立的话，那么，西方国家何必还非要追求彼时的国际贸易平衡呢？市场不是可以自动为之的吗？

毋庸置疑，休谟的国际载体物收支自动调节理论所假定的货币只能是"载体论货币"，是西方经济学自博丹以降所有货币数量论公认的"货币论"。为此，我们特将其称为"载体化货币论"[16]。

给定如此，整个西方经济学所追求的国际收支平衡，都只不过是一种"国际载体论货币收支平衡"的追求，并非关于贸易当事国为何失衡以及如何可以有效促进经济增长的货币平衡论。

那么，历史上为什么非要如此追求"贸易平衡"呢？

因为，在实物锚代币时代，各国代币的实物锚载体物是高度稀缺的，如果因贸易逆差的原因或因顺差的原因被流失的话，对本国经济的增长和发展将会带来通缩的严重打击。故，强调货币载体物的贸易平衡是比重商主义主张更为先进的国际贸易的体制化主张。

这就说明，西方经济学所构建的国际货币体系从重商主义到国际收支平衡主义，都是"货币"当头但十分混乱的国际货币体系，很难说有什么可信的理论作支撑。

由此可见，时至今日的货币型国际贸易体系，其混乱根源乃系从重商主义开始一直承传至今，尤其当此种混乱被不断迭代的货币型国际贸易体系更加如此。故，若不从根本上加以重构的话，不断叠加的混乱必定会彻底掀翻现有的国际体系。为此，人类必须彻底重构，包括重构米兰所谓全球重构在内的全球货币型贸易体系。

这种重构是从创建"全球N+0主权型货币体系"的初始和边界条件开始的，并且给出证明：该N+0体系是没有国际收支平衡解的。如果希望该体系是有国际收支平衡解的话，人类就必须将"全球N+0主权型货币体系"转型为"全球N+1稳定币收支平衡体系"。

5.7 全球N+1稳定币收支平衡原理

迄今为止，西方货币学理论主要甚至仅只集中在货币数量论的狭窄范畴内。其具体含义，根据广义货币经济学原理，仅只是关于货币价值的载体物之载体论货币而言的。因此，就真实的货币型国际贸易体系而言，不仅缺失理论基础，更缺失先进理念，以及由先进的方法论所主导的货币学基础理论和分析架构与有效运行机理。

最典型的就是关于"国际收支平衡"的主张，不仅缺失合理且必要的经济学理论作支撑，而且不顾事实与逻辑，强迫推行和辩护，因此才会从根本上造成当前国际货币型贸易体系的超级混乱和不可持续。

有鉴于此，我们以兼容且超越为两大原则，给出一种一览众山小的彻底重构。为此，我们给定如下立论：

$$\sum M(S)_{n+1} = \frac{\sum M(V)_{n+1}}{\sum M(F)_{n+1}} <=> 1$$

具体表达式同上5.6。于是有：

$$\sum M(S)_{n+1} = \frac{\sum M(V)_n + \sum M(V)_\triangle}{\sum M(F)_n + \sum M(F)_\triangle} <=> 1$$

给定如此，当只有当货币的价值与货币价值的载体物之间的上述比值为1时，我们称其为"稳定型货币"；相应地，我们同时称小于1和大于1时的复合型货币为"通胀型货币"和"通缩型货币"。

那么，给定"全球N+0主权型货币体系"的现实约束，会存在有"全球N+0稳定币收支平衡原理"吗？

为此，答案是没有的。我们发现并证明了在"全球N+0主权型货币体系"约束下，是不会存在"全球N+0稳定币收支平衡原理"的。如果存在，也只会有"全球N+0稳定币收支不平衡原理"的存在。

不仅如此，我们还同时发现并证明了，不仅不存在"全球N+0稳定币收支平衡原理"，实际上也不存在"全球N+0主权型货币价值收支平衡原理"和"全球N+0主权型货币价值载体物收支平衡原理"。

换言之，在"全球N+0主权型货币体系"项下，说任何"国际收支平衡"或"贸易平衡"或与之相关联的所谓"平衡"就都要么在喃喃自语，要么在那里玩弄政治权术，毫无广义货币经济学原理作支撑。

如果回到米兰在《重构全球贸易体制：使用者手册》中开宗明义的立论："经济失衡的根源在于美元的长期高估，这种高估阻碍了国际贸易的平衡，而其背后则是对（美元）储备资产的非弹性需求所驱动。"那就更是有洞见而无理论支撑了。除了讲些投资界的经验和思考之外，米兰的主张是毫无理论建构与系统性共识的。

相反，在广义货币经济学分析范式中，有关"双增长理论"的建构已经给出了可证伪的命题式理论原创。即，在"双增长理论"中，经济失衡才会发生。否则，请问米兰先生，"经济失衡"的含义到底是什么？

当米兰先生将大量投资界的语言（虽然充满精华与真谛）带入到公共政策领域来分析时，没有起码的理论建构就来说事，就来习惯性忽悠世界，得逞的概率近乎为零。辉煌的过去已经成为不可逆的历史。仅凭西方话语权的优势，就想轻易获利的时代，已经一去不复返了。

5.8 全球广义货币学原理

迄今为止的人类货币是有历史起源的。根据广义货币经济学原理，这个起源就是从物物交换中潜藏看不见的交换剩余自发性开始的。

物物交换中交换剩余的发生是受个体理性驱使，不受任何第三方所左右的。因此，它才决定了货币是依据自发性原理获得起源的。

由于物物交换不限于任何特定类型，所有能够在物物交换中诱发交换剩余的交换标的物和相应的交换剩余所有者，是种类多样化的，不限定于任何特定的物品和交换者。

但从物物交换项下的交换剩余到可以稳定承载交换剩余在其中的特定物品，人类早期的历史必定经历过长时期的摸索与洗礼，最终承传下来的便是随历史文献记载下来的那些优胜者，如牛和羊等[17]。

总之，在人类货币起源的理论领域，本书著者已经完成了系统性的理论建构，从而揭开了迄今为止人类文明中最神秘的面纱，由此将伴随人类5000年之久的货币历史之庐山真面目彻底大白于天下了。

沿着货币起源原理，伴随人类历史的一路演进，在经历了货币形态的一次又一次蝶变之后，人类最终在货币史的持续变革中迎来了如今行将再次爆发更大巨变的历史转折点。

幸运的是，如今的货币巨变再也不是人类命运被动式的巨变了；相反，是在人类自主可控的全球重构中将会发生的主动式优化巨变。美国曾经为人类货币的巨变作出了开创性的探索和伟大贡献。如此，美元体系才会面临再次巨变的绝境。虽然美国已经在主动且积极应对这种巨变的危局了，但离巨变所要求的根基巨变还相差甚远，还没作好准备。期待美国有能力重新审视当前巨变所面临的挑战到底是什么。

第五章　全球储币学原理

5.9 全球广义货币锚原理

货币锚的概念是继实物铸币之后逐渐兴起的货币学概念。

在实物铸币时代，存在有两大原理上的实物铸币：其一是贱质型实物铸币，其二则是贵质型实物铸币。

不难想见，贱质型实物铸币在原理上容易遭遇到被低成本仿制的风险，故治理难度颇高。

相比之下，贵质型实物铸币在原理上则大幅度避免了贱质型实物铸币所遭遇的被仿制困境，但也引发了另外一种困境，即容易遭遇低成本外流的极度困扰，故同样遭遇了治理难度高的困境挑战。

随着地理大发现及大宗贸易的兴起，将贵金属锚定在国内，然后以等价发行的代币为流动职能的新型货币原理引爆了"实物锚代币"时代的到来。由于以实物锚定物为货币价值，代币为流通职能的二元货币体制具有许多优胜属性，尤其面值可以大大超过原有的铸币载体物之材质品的价值，故崛起后很快就获得了普及与扩张，进而在欧洲彻底取代了传统的实物铸币体制。由此，私人银行业也随之兴起。

正是在这个意义上，"锚"的概念才开始进入人类货币事业中。显然，只要存在代币，必定对应着"锚定物"的同时且分离型存在。

不难发现，"货币锚"或货币的"锚定物"是既包含货币价值在其中，同时也包含货币价值载体物于一体的一个复合概念。

当然，现代货币学将"代币"所对应的"锚"进一步规范为"本位币"，便形成了"金本位"的流行说法。无疑，"本位制"的含义之所以更加现代一些，是因为它比"锚"的含义更多地涵盖了"标准化"的含义在其中。

5.10 全球 N+1 统一锚货币体系

根据广义货币经济学项下的广义货币学原理，所有的实物货币锚或非实物货币锚都可以统一到交换剩余充当货币内生价值的立论上。

根据交换剩余论货币原理，所有的货币起源和货币增量性创造，包括当前中央银行体制项下的货币创造，本质上都是交换剩余的结果。

假定如此，全世界的货币概莫如此，一律都是交换剩余不断积累且聚集到货币载体物之中，再加权和除权的结果。

于是，全球多边体制只要约定货币的载体物原则，世界上所有的国家主权货币就都具有了货币价值多样化的统一载体物基础[18]。

根据交换剩余论货币价值原理，每个国家的主权货币价值就都是由交换剩余所构成。不同的是各个国家货币所积累到的交换剩余因国而异，因时代而异，因交换方式、生产方式、人口规模、文化习俗、价值观偏好等众多因素的不同而不同。故，货币与货币之间虽然具有相同的价值源泉基础，但各自所实际积累到的交换剩余之有效集合，尤其加权和除权后的有效集合是彼此不同，甚至差异巨大的。

但无论如何，全球货币的统一价值源泉是成立的，是可以被历史与现实进行实证检验的，即：

$$\sum Mv(ES)_{n+1} = \sum Mv(ES)_n + \sum Mv(ES)_\triangle$$

其中，$\sum Mv(ES)$ 表示以交换剩余（Exchange Surplus）为源泉的货币价值 Mv。至此，全球稳定币和全球统一锚之间便是原理相通的，故是可以相互替换的。这意味着，兼容性超越"购买力平价汇率理论"的广义替代理论已经成为了新可能。

5.11 全球独立货币原理

无论在"全球 N+1 稳定币收支平衡原理"中或在"全球 N+1 统一锚货币体系"中，"N+1"中的 1，根据给定的定义，是不代表国家主权货币的全球独立型货币。为此，我们特将其定义为

"全球独立货币"，或"全球超主权货币"。

根据交换剩余论货币原理，在国际贸易、国际资本和国际投资等国际经济领域项下所取得的交换剩余就都不属于国内经济所创造出来的交换剩余；都应该属于"国际交换剩余"的范畴，都应该积累和聚集到"国际货币"之中。如此，世界上所有货币之间便可相安无事了。

那么，如何创建"国际货币"或"全球独立货币"呢？

答案并不复杂。因为，无论用怎样的货币载体物来承载国际交换剩余，根据交换剩余论货币原理，国际交换剩余都已经实际存在。即，凡借美元充当国际货币职能所发生和创造出来的国际交换剩余积累就都应属于"国际货币"的集合范畴，而不属于美元作为主权货币服务的经济体所创造出的交换剩余。因此，原理上就可以将其从美元作为国家货币的职能中分离出来。只要这个原理成为货币学的公认原理，如何实现分离的办法和路径将是另外一回事，且非常容易实现。

鉴于本书所服务的主题与宗旨，此原理的可实施方案也已经有了完整的现成方案可供共识操作。如果必要，本书出版后，可择机单独出版此方案，以便供整个多边世界深入讨论和不断改进，为彻底摆脱国际储币体系的困境与制约贡献一份力量，也为真正公平的可确保人类共赢繁荣有效实现之全球共赢经济的新未来添砖加瓦。

第六章

全球储币体系的中美较量

人类已经步入整体文明的新时代。

由强权政治主导世界公平秩序的时候已经式微，已经四面楚歌。毕竟，每个国家、每个集体、每个人类个体都有追求和表达公平的平等权利。

由几个国家或几十个国家所构建的国际体系根本无法代表全球80多亿人口的整体事业。西方社会和政治精英如果连这个最简单的事实都无法或不敢于正视的话，就根本不配谈论新秩序的重构。

重构已经是当今世界的唯一未来，没有之二。

但是，到底该如何重构新未来，越来越成为了世界政治的新焦点议题。

是重构原有零和世界的再零和，还是重构零和时代之后的人类共赢文明，正在成为各种博弈背后的唯一试金石。

凡利己主义至上的政治文明一定带来零和后的新零和，而既利己又利他且利整体的政治新文明，才会带来人类共赢的新秩序。

中美较量的本质，便是零和与共赢的较量的历史分水岭。

6.0 美元霸权4.0体系与中美较量

自1944年布雷顿森林协定体系以降的第一代实物锚美元霸权体系，到1971年布雷顿森林协定体系解体后的第二代非实物锚美元霸权体系，再到2008年经美国次贷危机洗礼后的第三代QE化美元霸权体系，如今米兰又在《重构全球贸易体制：使用者手册》中以美元对冲关税为原理构建了美元霸权的新梦想——预示着美元霸权4.0体系的暗流涌动。

虽然米兰未能够有效阐述清楚其在全球重构计划中的完整诉求，但受巴菲特2003年文章的影响，他已经将全球重构计划的着眼点放在了加征进口关税的对冲策略上，由此美元霸权4.0体系正跃跃欲试。

无论如何，世界总要搞明白米兰重构计划的来龙去脉及其根源之所在，故揭开其庐山真面目极其必要。

鉴于如此，我们努力站到更高的层面上将美元霸权的来龙去脉，以及所面临的危局困境，和作为一种国际体制所需要的可完备性机制，即储币税原理，整体揭示出来，以便让世界透彻化明白美国的企图和人类所面临的更优选择之间，将会如何展开零和与共赢的大博弈。

当美元霸权4.0体系之新梦想大白于天下之时，当可以确保更大增量、更大增长之世界经济共赢繁荣的更优型国际货币体系替代方案清晰可见时，曾经靠权力政治所掌控的零和经济体的旧制度根基就会四面楚歌，遭遇不齿和唾弃。即使中美博弈的终极较量可能滑向凶险的硬实力冲突，但大白于天下的美元霸权新梦想也已经偷袭无望了。

只要美国的重构不能兼顾全球经济的共赢繁荣，只要美国仍然专注于零和世界中自身利益的最大化，美国零和政治理念所追求的制度原理就不可能与人类共同追求共赢繁荣的新梦想融为一体，进而也就无法为80亿人口的人类大家庭谋求更加美好的新未来。

6.1 美元霸权之4.0体系新梦想的完胜

我们必须追问：美元霸权4.0体系的新梦想最终可能完胜吗？

就国际主权锚储币体系而言，理论上是完全存在这种可能性的。但是，由于已经早早错过了实施"朝贡型储币税"的历史机遇和窗口期，现在再来追求"国际主权锚储币体系"，成功的可能性已经降至为零。

因为，一旦实施"救助型储币税"的条件具备且成熟了的话，再想追求"朝贡型储币税"的政治奢望，就会逆历史潮流而不自量力。

此外，无论特里芬的破解方案，还是巴菲特的关税之ICs方案，亦或米兰的全球重构方案，就目前所知的情况而言，都仅只是储币税原理项下的枝节级应对方案，其效果注定无济于事。

所以，给定由储币税原理所主导和决定的国际主权锚储币体系，美元霸权4.0体系的新梦想要获得完胜，如果不是癞蛤蟆想吃天鹅肉的话，就只能是白日做梦一场空。

当然，仗着美元霸权的庞大躯干以及所承载的财富当量和对全球经济的支撑作用，即使美元霸权的3.0体系也仍然不可小觑。毕竟，它仍承载着2300万亿美元的汇率经济、600万亿美元的金融衍生品经济、380万亿美元的全球资本市场经济和105.6万亿美元的全球实体经济，所以，由美元支撑和操控的经济体量，依旧主宰着全球经济的主旋律。整个世界大意不得。更何况美元是美联储的美元，还不是国家货币。

总之，美国精英界所畅想的完胜纯系坐井观天，痴心妄想。假定世界拿美元无可奈何的误判来做赌注，此种方案一旦发现世界拥有更优方案后，便会暴露出无地自容的尴尬与难堪，更别说尝试竞争优胜了。换言之，美国能够使出的浑身解数都已经在俄乌冲突中预演完毕了。

6.2 美元霸权之4.0体系新梦想的完败

毫无疑问，我们还要必须追问的是：美元霸权4.0体系的新梦想会完败吗？

为此，各种美元崩溃论、美元霸权解体论、美国衰败论等都不太现实，也不靠谱。同时切记，与美国博弈和与美元博弈是两件事。

那么，我们又该如何看待美元霸权在当前的困境与危局呢？

经历了2008年美国次贷危机大洗礼之后的美元霸权的3.0体系，已经是一个成功的美元QE体系。故，美元霸权的3.0体系已经很难会因2025年共有9.2万亿美元的美债到期，甚至可能无法兑现就会陷入危险的困境之中。相反，2025年的美债危机极有可能最终成为美联储再度以QE方式拯救的"美国的再重构"。换言之，即使2025年6月会有6.5万亿美元的美债到期，美元霸权3.0体系也不会遭遇太大的冲击。

简言之，美元霸权的4.0体系能否顺利推进和最终实现才是问题的关键。如果以米兰重构计划为目标的美元霸权4.0体系，最终没能实现的话，我们便可以下结论说，美元霸权之4.0体系的新梦想彻底完败或部分完败了。

然而，无论如何，即使发生了美元霸权4.0体系之米兰新梦想的完败情形，也不意味着迭代至今的美元霸权3.0体系会因此走向衰败，甚至一同完败。

围绕着米兰重构计划而展开的2025年之中美博弈，主要是关于美元霸权之4.0体系新梦想成功与否的博弈。仅只在这场博弈中，美元霸权4.0体系的新梦想是大概率存在完败可能性的。至于是否由此波及到美元霸权3.0体系的快速衰落,眼下并无定论。

6.3 美元霸权之4.0体系新梦想的脱钩拉锯战

斯蒂芬·米兰已于2025年3月经美国参议院投票表决通过,正式出任白宫经济顾问委员会主席。

这标志着他大概率会推进其在《重构全球贸易体制:使用者手册》中的重构计划。

那么,在没能彻底搞明白储币税原理的情况下就推动进口关税("巴米税")是可行的吗?

根据本书原创的储币税原理,同时根据具体实施朝贡型储币税和接受救助型储币税的条件来看,即:

$$\sum USD\left[(T+C+G)/D\right]_{n+1} > 或 < \sum USD\left[(T+C+G)/I\right]_{n+1}$$

美国推行美元霸权之4.0体系的新梦想(米兰梦想),是有可能遭遇上述两种条件同时并存之可能的。

如此,大国之间的战略博弈就会呈现出双战场并行的博弈态势。果真,可替代美元霸权的"国际新型储币体系"之备选方案同样会变得异常重要和紧迫。因为,世界不仅需要实操利益,即现实利益,同时更加迫切需要可以确保全球多边共赢的制度创新利益。

像良币驱逐劣币的原理一样，世界急需要更优制度和落后制度彼此相互较量的可竞争环境。唯如此，方可在"优制驱逐劣制"的历史进步中，让可以确保更多国家获利的共赢主义及其所倡导的国际新型储币体制兼容性超越旧有的零和主义所垄断的国际主权锚储币体系。因此，中美博弈只要不走向硬冲突，制度竞争就会成为决胜的主战场。故，为美元霸权体系作好制度替代的准备，已经时不我待。

6.4 美元霸权的备胎准备——L计划

迄今为止，美元霸权体系乃支撑着人类历史上最庞大的财富体系和制度体系，其总量规模已经远超传统国家财富体系所能比肩的规模。

但是，美元霸权支撑的财富体系潜藏着重大的危局在其中。该危局自英式央行体制随1844年的《皮儿条例》开始，以FRS危局的名义已经延续到1971年8月15日布雷顿森林协定解体，随之进一步演变为NRS危局，即原理上属于零存款准备金的危局。虽经美国和美联储创新设立了存款准备金制度，但其功效实属南辕北辙。因为，前者涉及中央银行关于基础货币之发行机制所需要的存款准备金，而后者仅系央行对商行存款安全所要求的存款准备金之安全保障制度的设立。两者的内涵完全不同。

上述危局的存在直逼巴菲特伟大发现所剑指的危局：美国净资产的存量、流失归零和归负的危局困境。

换言之，依据央行存款准备金的货币学原理，截至1971年8月15日，美元代币的存款准备金，黄金趋于归零或负[1]，否则也无须让布雷顿森林协定解体了。即使借助调整黄金和美元代币之间可兑换的对价比例，假定彼时的美国和美联储还拥有一定数额的黄金储备，但其剩余规模必定日趋减少，已经无力继续有效维系布雷顿森林协定的正常运行。

自此以后，即自1971年8月15日以后，美元代币的增量供给除以国际贸易逆差的路径实施以外，就只剩以美债锚的方式实施其基础货币的增量供给了。直到2008年，美联储又发现了QE发行方式。

如此一来，美联储所发行的所有基础货币之M0美元就极少对应实物储备，而主要对应美元国债锚的新型储备机制了[2]。

一言以蔽之，美国实际上拥有极少量的所有权货币，而美元代币的主体主要系债务型货币和以银行净头寸机制为信用基础所创造出来的"银行账户型货币"。除此之外，美联储并不拥有其他型态的货币。

为此，我们特设：

$$\sum M\,(FRS)_{n+1} = \sum M\,(Fos)_{n+1} + \sum M\,(Fd)_{n+1} + \sum M\,(Fba)_{n+1}$$

其中，$\sum M\,(FRS)$ 表示美联储美元代币，FRS 表示 The Federal Reserve System；$\sum M\,(Fos)$ 表示美联储美元代币中的所有权货币，Fos 表示 The Ownership Money of the Federal；$\sum M\,(Fd)$ 表示美联储之美元代币中的债务型货币，Fd 表示 The Debt Money of the Federal；$\sum M\,(Fba)$ 表示美联储美元代币中的银行账户货币，Fba 表示 The Bank's Account Money of the Federal。

于是，通过以下三组占比，我们便可以窥视到美联储的核心内幕：

1. $\sum M\,(Fos)_{n+1} / \sum M\,(FRS)_{n+1} \cong ?$（所有权美元）
2. $\sum M\,(Fd)_{n+1} / \sum M\,(FRS)_{n+1} \cong ?$（债务型美元）
3. $\sum M\,(Fba)_{n+1} / \sum M\,(FRS)_{n+1} \cong ?$（账户型美元）

有鉴于此，巴菲特的伟大发现实际上直逼 FRS 危局和 NRS 危局。

如此看来，我们仍需追问的关键议题就是：美国还拥有净资产吗？显然，如果将货币型负债也剔除的话，且美联储作为一家私营机构所拥有的美元，倘若真的不受美国联邦政府国有化所操控的话，那将是一个极其可怕的"全球第一困局"。为此，重构美联储已经迫在眉睫。不仅美国，全世界都需要积极作好备胎准备：既要做好完备性的应对方案，同时还必须做好迫切性的临时应对方案。

6.5 美元霸权的备胎准备——C计划

美联储的"全球第一困局"由来已久，是一个久拖未解的超级疑难。该困境的缘起源自英格兰银行。当白芝浩在《伦巴第街》中兴高采烈、热情奔放地大肆赞扬英格兰银行所取得的伟大成就时，他明显回避了当时就已经甚嚣尘上、争论良久的"实物锚代币体制"的根基问题。

换言之，自15世纪晚期开启实物锚代币体制以降，货币锚定物与其代币之间相互分离的发明与创造，在带来货币革命和货币飞跃大发展的同时也带来了新的问题，即人类社会第一次面临了"信用机制"在货币体制中存在的必要性及其原理性议题。

正恰由于完成了第一次信用机制的导入，才使得实物锚代币体制获得了跳跃式发展。但伴随着剪羊毛等劣币驱逐良币的盛行，实物锚代币体制的兴起开始受到阻碍。当中央银行体制于1609年随着阿姆斯特丹市属银行的成功创建，第二代信用机制，即央行体制项下银行间信用机制的创建，再次有效促进了人类货币事业的向前发展。

尤其当1694年英格兰银行创建之后，第二代中央银行体制在信用维护和发扬光大方面又取得了长足进步。尤其当1844年的《皮儿条例》于1844年生效后，以私营机构为根基的英格兰银行再次获得了维护其信用体制的升华：正式获得了英国国家的信用背书。从此，中央银行体制正式从商业银行的兼营模式中分离出来，走上了独立运行之路。

然而，这种信用机制的不断迭代式扩张是建立在西方社会并没有搞清楚货币的起源到底是怎么一回事的无知和误判基础之上的。这从根本上导致了信用机制的不必要泛滥和过度扩张，以至于连洞察力非凡的白芝浩都只顾兴奋，而淡忘了最不该忘记的货币价值的起源问题。FRS危局的困境争议由此诞生，并一直延续和传承至今。

世界必须回归本源，必须回过头去为英格兰银行曾经的伟大创举去收拾伴随其辉煌而同时遗留下来的烂摊子。

伴随英格兰银行成功发明了银行账户货币的伟大壮举，英国实实在在地成为人类历史上第一个金融帝国。只可惜，FRS的危局困境如影相随，同时开始存在。更有甚者，FRS困境问题随英格兰银行的不断壮大而同步壮大，逐渐壮大成了一枚越来越庞大的巨型毒瘤。

直到1913年美联储模仿英格兰银行成功创建后，FRS困境问题仍然未能获得破解，最终被美联储完整地继承了下来。

正因如此，1929年大萧条爆发之际，受FRS困境制约，美联储根本无力去充当"最后贷款人"的角色。包括但不限于伯南克、弗里德曼等在内的众多学者在回顾大萧条降临及美联储的货币应对政策时,都认为其紧缩决策是加剧大萧条进一步恶化的重要推手之一。

但是,我们在此想追问的是,受FRS困境的制约,难道说当时的美联储真的拥有可以实施货币宽松政策的FRS条件吗?

如果没有的话,当时的美联储实施紧缩政策寻求自保,以便保存中央银行的种子难道不是更佳的理性选择吗?

不仅如此,1971年8月15日当布雷顿森林协定体系解体之后,FRS困境进一步恶化为NRS困境。所以,自英格兰银行以降的整个现代中央银行体制都始终潜藏着由FRS困境所初始定义的央行困境。

有鉴于此,就长期而言,人类必须重构自英格兰银行成功以降的现代中央银行体制,彻底破解由FRS困境和NRS困境所代表的"货币锚黑洞困境"之挑战。唯有如此,美元霸权体系深陷美债锚泥潭之中的绝境问题,才可以从根本上得到彻底的化解和最终的有效治理。

6.6 美元储备货币的零增长总协定

我们假定,总有一个时刻美国会同意:1.不再让美元霸权所服务的双经济体继续增长了；2.找到代价最小的美元退出方案（退出充当国际储备货币）和调整方案及实施路径；3.其他国家也不沿着美元曾经充当主权锚储备货币的路径来充当国际储备货币。

给定这种时刻到来时，签署一个全球多边美元储币零增长总协定不仅是必需的，而且有助于以救助型储币税原理的方式救助美元霸权体系，并确保其最大化稳定性过渡协定的有效执行。

一旦签署"全球多边美元储币零增长总协定"并启动生效条件，人类的货币史即将翻开崭新的一页。因为，它标志着人类的货币事业正式破解了最后的难关：超越"国际主权锚储备货币体系"的难关。

从此，经由"国际互换锚储币体系"的过渡，人类将可以共同进入全球 N+1 统一锚超主权储备货币的新体系。在新体系中，不再有任何国家的主权货币可以充当国际储备货币了，而由"N+1"中的 1 来承担。从此，经济增长不均衡的问题将被彻底根除而一去不复返。

如果经济均衡增长是包括美国在内的所有国家都认同的话，那么，"双增长经济"将会彻底兼容性超越传统的西方经济学之"单增长经济"。由于西方经济学始终将自身囚困于以货币中性论为前提的分析范式中，因此根本无法关注到在产出增长的同时，货币其实也在同步增长。这种认知一旦缺失理论建构的支撑，双增长型经济学就被完全屏蔽在西方经济学狭义认知的边界之外而无法服务人类社会的更优经济；当然，也就无法有效服务美国经济的实操运行。最鲜活的例证就是，米兰在其《重构全球贸易体制：使用者手册》中所使用的表述都不是经济学表述，而主要是投资界的分析方法和表述方式。

不仅如此，事实上，巴菲特在其2003年文章中的发现，也都与西方经济学毫无关联，都是从投资界的视角上才将问题挖掘出来的。

这足以证明，西方经济学早已沦落为象牙塔之内的真理，一旦出圈校园就会成为贻笑大方的童话故事。毕竟它离有人间烟火的真实生活太过遥远了，除了常识之外，剩余的都是自娱自乐。西方经济学再不主动寻求自我革命，恐怕连在校园里悠闲混饭吃的日子也不多了。

由于西方经济学的固步自封，使得整个西方社会在不自觉都被误导性带入到了虚无迷途，都没能意识到市场经济的发展方向已经出现了重大的偏差和失误。如果不能从中快速觉醒过来的话，其未来更加暗淡。这种大趋势已经接近温水煮青蛙的尾声，很快就会爆裂。

有鉴于此，如今的问题看似都与美元霸权密切相关，其实根源都与西方经济学无法融于非中性货币理论更加密切相关。再不主动进行自我否定，西方经济学必将成为西方社会走向美好明天的超级累赘。

美元霸权已经错过强权政治可以发挥自身最大优势的历史阶段。如果早期就实施"朝贡型储币税"安排的话，或许美元霸权还可以继续延缓一段时间，但终局还得解体。1776年13个北美殖民州共同反抗宗主国的根源，不正是因反抗英国在货币和征税上的盘剥才反目的吗？

美国仅凭手里的这点暴力工具已经强迫不了当今世界了。对美国而言，最好的结局就是保住美元霸权在第一代、第二代和第三代项下所占到的便宜，不吐出来就算是白白享用了。没能占到的就是红线了。如果遗留代际不公平的话，那也只能由美国的国内政治去消化了，不可能继续幻想无限了。对此，沃伦·巴菲特的理解非常精准，即代际不公平已经无法避免。故，美国的焦点问题是：咸鱼翻身还有可能吗？拖的代价与尽早达成零增长协议相比，孰者更优呢？

6.7 美元逆差储币与全球顺差储币的总协定

即使美国最终同意签署"全球多边美元储币零增长总协定"的话，世界又将如何来避免美元储备体系的不必要受损或坍塌呢？换言之，如何来稳定零增长协议之后美元霸权体系的过渡期呢？

一旦"全球多边美元储币零增长总协定"能够签订，为了确保美元顺差和逆差双边当事国的合法权利，最好设定"美元逆差储币与全球顺差储币总协定"，以便在国际贸易、国际资本和国际投资三大领域里确保开始重构的美元储备货币体系能够有序退出，从而力争避免退出进程的不必要混乱和动荡。

换言之，如何实现美元储币体系的稳序退出，届时必将成为全球经济和人类社会所共同面临的新挑战。

为此，在美元储备货币退出进程开始后，无论逆差端还是顺差端都不得借退出进程而产生基于美元的新博弈和新增量国际交易。所有的国际交易都仅限到期的美元交易和美元的转型交易。

当然，美元储备货币的替代机制会同步推出的——无疑也是全球多边协商后的替代机制。就目前而言，整体备胎方案对全球实体经济、资本经济和投资经济而言都是相对有效的，但对主要由美元支撑起来的金融衍生品经济而言，承接能力是否充足的问题依然潜藏不确定性。毕竟，美元金融衍生品的一个重要功能原本是应对NRS困境的，故更多属于美国国内问题，最多只属于欧美问题。为此，还需要进一步落实和推进。无论如何，防止美元储备货币职能退出时出现市场混乱或动荡的各种准备和对应，肯定得分事前准备和事中准备两大部分。如此，我们才可以有既定方案，和应对方案，才可以在美元充当国际储备货币职能退出的历史进程中应对自如。

6.8 全球主权货币互换临时过渡总协定

整个世界都有必要认知到，除了"国际主权锚储币体系"可以确保国际贸易、国际资本和国际投资的有效运行之外，"国际互换锚储币体系"也同样可以。换言之，即使潜藏瑕疵和困境，"国际互换锚储币体系"仍是可以有效确保国际贸易、国际资本和国际投资的正常化运行。

换言之，在美元储备货币退出的进程中，有必要将现行已实操的双边货币互换型国际贸易、国际资本和国际投资等，进一步完善成为一种过渡性的"全球主权货币互换临时过渡总协定"。

借助"结余税原理"、"国际互换平衡原理"及"国际互换平衡体系"的理论构建，创建"全球主权货币互换临时过渡总协定"是有必要性的，尤其对于稳定美元储备货币信心失灵和失衡之后如何有效恢复市场关于储币交易的信心和制度转换，至关重要。

换言之，从国际美元锚储币体系到国际互换锚储币体系的过渡性转换是零时差、零距离，甚至是零成本的。当然，各国主权锚货币需要朝全球统一锚方向的逐步演化也是可以借机分阶段来同步实现的。

有鉴如此，美元储备货币零增长的协定安排并不会带来国际经济整体因美元增量供给为零而遭受萎缩的影响。相反，以促进全球经济双增长为目的的三驾马车：美元锚储币体系、互换锚储币体系、统一锚储币体系的同时并存，是可以更加有效促进全球双增长经济发展的。

当然，三大储币体系并存的过渡时代需要有导向性安排。无疑，此安排必定是全球多边体系协定的结果。即美元锚储币退出、互换锚储币过渡、统一锚储币主导的三重制度安排，将可以确保国际货币体系的增量改革是完全可行的。如此，一个有序且可控的全球超级货币系统工程：人类三大储币体系的迭代转换体制就会初步呈现出来。

6.9 全球顺差型储备货币转独立货币的总协定

在此美元锚储币体系逐步良性退出的历史转型中，要对美元作出有效分割，即将美元从服务美国经济增长的国内美元逐步与其服务国际经济增长的国际美元之储币功能相互分割开来。唯如此，美元才能最终回归正常化的主权货币角色，而国际储备货币也才能从美元锚储币，经由互换锚储币机制，最终完成向统一锚储币的华丽转身。

那么，如何完成美元既服务国际储备货币经济同时又服务美国国内经济之双货币职能已盘根错节后的分割或彼此脱钩呢？

显然，全球所有的美元净顺差之和便是美元锚储币所对应的美元部分，即美元的国际部分；剩余的都是美元服务美国经济的国内美元。

给定上述总原则，全球顺差型储备货币转独立货币的总协定就会成为推进和实施美元分割的合理边界与有效工具。

当然，在此之前是需要广义货币原理阐述和普及的。因为，只有原理性的阐述，歧义性和争议性才会较小可控，才容易达成共识。

一旦形成共识，尤其形成全球性共识，应对美元锚储币体系理性退出国际体系、回归美国主权锚货币的有效路径才是可为的，才是在丝滑中可以同步完成的，才不会给美元带来不必要的损失和波动。

一言以蔽之，巴菲特之"何人可以摆脱美元"的反诘是片面的，是对货币认知有限的反映——当然主要是整个西方经济学和货币学的整体认知，从方法论算起，就已经陷入局限性泥潭的超现实反映。

美联储必须认清的事实是，全球顺差美元都不再是美联储所掌控的美元了。对此，巴菲特在2003年文章中的理解十分到位。[3]

6.10 全球美债稳定锚之人民币债券对冲总协定

整个世界都知道，2025年6月美国联邦政府和财政部即将面临6.5万亿美元美债到期兑现的难关，和2025全年9.2万亿美元超巨额的到期美债需要兑现和偿还。

显然，能否及时偿还已经成为美国联邦政府及其财政部最大的压力之所在。倘若不能按期偿还的话，不仅美国的国家信誉会遭受直接重创，而且极有可能意味着美国国家的破产，至少信誉破产。

最为特殊的是，这是当前即将发生的历史大事件，需要及时应对。为此，必须设计出能够立竿见影且有助于美元锚储币体系发生转型的应对策略。给定如此，本书著者建议，发行6.5万亿美元国债到期无法兑现部分所对应的以人民币计价的等量"人民币-美元夹层债"[4]，在美国政府请求的前提下，承接其无法兑现部分。如此安排，美国大概率会断然拒绝。因为，这意味着，美国的国家信用从此得由中国实施背书。不仅如此，两国汇率也将被彻底锁死[5]，进而共同迈向新体制。

果真，46.8万亿"人民币-美元夹层债"转换部分的持有者，便可以持有双币混比的夹层债了[6]。当然，仅由人民币兑现也可以[7]。

这种中美双币混比债券的可操作性前提是，到期美债的处置不仅会令美国联邦政府无能为力，也会令美联储犹豫不决，毕竟，如果继续采用无限 QE 操作的话，在新增美债受阻的情况下也是潜力有限的。所以，联手中国共同应对当前危局，是有理性基础和双赢条件的。

其二，国际社会也有义务和责任，来有动力地共同维护美元储币币值的基本稳定和美债体制在美元锚储币体系转型成功之前的必要运作。无论如何，美债转中美双币混债的担保机制是需要美国联邦政府和美联储一致同意方能实施的。背后的原理另行阐述。

6.11 全球主权货币统一锚总协定

根据广义货币学理论，任何货币都是由物物交换过程中存在交换剩余为基础才会自发起源和发生的。

当自发型货币起源后，它们便以形形色色的实物货币形态存在于人类历史进程的早期，尤其以牛、羊等为优胜代表。

如此一来，只要有物物交换，就必定会有交换剩余的发生。久而久之，人类在各种不同实物货币中发现了越来越多的共同属性。比如，货币单位、货币的可分性、货币载体物之材质的耐久性、便利性等。所以，当实物货币发展到一定历史阶段之后，便逐渐产生了统一各类不同实物货币的想法，且最终以标准化的铸币形式呈现了出来。

实物铸币时代由此成为人类货币历史上的第三个发展阶段，即从起源阶段到实物货币阶段，再到实物铸币阶段。

当实物铸币阶段继续发展到一个历史新阶段时，货币锚代币联动形态的诞生又进入到货币史的第四个阶段，货币的二分原理开始呈现。即货币不再仅由不可分的自身独立体所构成，相反，货币开始呈现二分的状态：有货币锚（实物锚）和代币两部分组成。

一旦货币采用了二分法，实物铸币时代贵金属材质始终受外流困扰的困境就被破解了。贵金属进而可以锚定在可信场所，然后任由代币随意流通了。由此，使用货币锚原理的做法便在历史上流行起来。

那么，货币二分之后的货币锚和其代币之间又是什么关系呢？

是可兑换关系呢？还是100%的债务债权关系呢？亦或其他关系？显然，这是一个需要相对细化和复杂分析的大议题，此处不作展开。

无论如何，货币学已经来到了一个历史转折点，如果再不揭开其庐山真面目，人类财富的总根基就会越来越朝着不可控的方向滑落到深渊。毕竟，西方经济学和货币学的所有认知都内辖有严重的瑕疵和狭义性在其中，尤其方法论更是与第一性原理无关的第三方方法论。这使得货币完全脱离了人类以完备性原理为标准的理性认知范畴，只能在托勒密的地心说（天动说，geocentric model）的世界里游荡。

换言之，将实物锚或本位制当作货币价值源泉的方法，与托勒密将宇宙解说成地心说（天动说）异曲同工，都是方法论潜藏重大瑕疵的结果，都必须给予彻底的反思和重构。

一言以蔽之，人类所有货币的起源都源自物物交换的交换剩余。正因如此，人类最早期的自发性货币一定是实物货币且只能如此。

当实物货币转型且升级为实物铸币时，实物货币在历史进程中所磨练出来的诸多功能才可能逐一凝聚在给定的标准化实物铸币中。至此，所有使用货币所产生的交换剩余才开始积累和凝聚到标准化的人造实物铸币之中。故，任何标准化的货币均可表示为如下形式：

$$\sum M\,(S)_{n+1} = \frac{\sum M\,(V)_n + \sum M\,(V)_\triangle}{\sum M\,(F)_n + \sum M\,(F)_\triangle} <=> 1$$

即，凡货币皆由价值与载体物两部分所构成。只要这个命题获得全球共识，人类货币史的进程就可以翻开崭新的一页了。由此，世界各国便可以签署"全球主权货币统一锚总协定"了。初期，协定会规定一些最初浅的约定，然后逐渐完善，以求最终能形成"全球主权货币统一锚总协定"的体系化运行。

6.12 全球顺差归零之互换均衡型国际贸易体制

毋庸置疑，重商主义的核心体现便是顺差。

但彼时的顺差和当前的顺差已经南辕北辙，不是一回事了。彼时的顺差是实物锚黄金的顺差、逆差和平衡。因每个国家都有拥有黄金实物锚，所以，这种国际货币体制下实施国际收支平衡的目的就是为了确保每个国家都能看护好自己所拥有的黄金实物的总规模，确保不要因逆差而减少该总规模，同时也不要因顺差而来增加该总规模。正因如此，国际收支平衡是确保初始条件不变的国际实物锚体制安排。

但是，当美元充当国际储备货币时，因各国从一开始就没有美元，所以给定如此，原有的国际实物锚收支平衡体制彻底失灵和失效了。然而，离开国际美元锚货币体系，国际贸易又是根本不可能的。

由此可见，不同的国际储备货币体系所对应的国际收支平衡原理南辕北辙、泾渭分明，彼此间是不相同的。

换言之，国际实物锚储币体系项下，国际收支平衡原理只是为了确保各国实物锚总规模的既定总量，不会因国际贸易的顺逆差而发生改变。即，是保护既定总量不发生改变的一种制度设计和原理。

相反，给定国际主权锚储币体系，国际实物锚收支平衡原理就不再生效。此时再去追求国际实物锚收支平衡就已经毫无意义了。

那么，存在国际主权锚收支平衡原理吗？它又在平衡什么呢？

显然，给定国际主权锚储币体系，其中的"主权锚"到底特指什么的问题是无人知晓的。即使"美元锚"，恐怕也无人知晓，包括美国人自己，甚至美联储也不知道。果真，又如何去平衡它呢？

如果平衡美元代币的话，只要美元不再充当国际储备货币便会即刻实现平衡。故，给定国际主权锚储币体系，该体系可以有效运行的原理仅只存在着如下双经济体平衡与否的问题：

$$\sum USD\ [\ (T+C+G)\ /D\ ]_{n+1} <=> \sum USD\ [\ (T+C+G)\ /I\ ]_{n+1}$$

给定如此，只要上述双经济体处于平衡状态，那么，国际主权锚储币体系就是可以维系正常和有效运行的。

有鉴于此，国际主权锚储币体系项下是根本不存在和不需要国际实物锚收支平衡原理的，相反仅只需要"双经济体平衡原理"来替代。

同理，给定国际互换锚储币体系，它既不需要国际实物锚收支平衡原理来支撑，也不需要国际双经济体平衡原理来支撑，而仅只需要国际互换平衡原理来支撑。

由此可见，不同的国际储币体系对应着不同的国际平衡原理。

这是一个迄今为止尚未被西方经济学所发现的国际储币体系的新领域。即，不同的国际储币体系对应不同的国际平衡原理。

有鉴于此，将全球顺差归零平衡型国际贸易体制，即是力求摆脱国际美元锚储币体系之后所面临的国际储币体系。如果选择国际互换锚储币体系，则国际平衡原理将随之转变为国际互换锚平衡原理。

给定如此，国际贸易的开展必将顺畅无比，直到国际互换锚平衡原理不可维系或国际互换锚储币体系不可维系。

换言之，不可将国际实物锚储币体系项下的国际实物锚收支平衡原理随意套用到国际美元锚储币体系上来。后者需要由国际双经济体平衡原理来支撑。

6.13 全球双增长均衡型国际贸易体系

给定货币型经济，可持续均衡增长的根本原理系双增长均衡经济。在双增长经济中，产出+供给的增长与货币增长之间存在如下关系：

$$\sum GDP_{n+1} <=> \sum GMPP_{n+1}$$

其中，GMPP（General Monetary Purchasing Power）表示广义货币购买力。

给定如此，任何国家的国民经济都不必然可以保持均衡型增长。毕竟，还存在着如下通缩型增长与通胀型增长的内生可能：

通缩增长模式：$\sum GDP_{n+1} > \sum GMPP_{n+1}$
通胀增长模式：$\sum GDP_{n+1} < \sum GMPP_{n+1}$

当唯有当 $\sum GDP_{n+1} = \sum GMPP_{n+1}$ 发生时，给定经济才是均衡型的双增长经济。

那么，引入国际贸易和"全球N+1统一锚货币体系"之后，国家级的双增长经济模式可以演变或转型为全球双增长经济体制吗？

为此，答案是肯定的。即，只要世界各国（x）同时实现：

$$\sum (\sum GDP_{n+1})_x = \sum (\sum GMPP_{n+1})_x + \sum IMPP_{n+1}$$

其中，$\sum IMPP$ 表示全球N+1统一锚之全球独立货币购买力，则全球双增长均衡型的国际贸易体系就是可能和可实现的。

如此一来，一个继"国际主权锚储币体系"和"国际互换锚储币体系"之后的"全球N+1统一锚储币体系"就成为新可能。

关键是，这个"全球N+1统一锚储币体系"彻底摆脱了"国际主权锚储币体系"和"国际互换锚储币体系"各自所辖的不稳定根源和困境，从而可以走上可持续发展的永续之路和增长无限之路。

给定"全球N+1统一锚储币体系"，其所对应的平衡原理不再是主权锚体系所对应的双经济体之间的平衡原理了，也不再是主权货币互换锚所对应的结余平衡原理了。相比之下，其平衡原理主要是关于双增长之间的双增长平衡原理了。

有鉴于此，凡参与全球贸易和全球经济的国家，只要寻求以如下广义双增长为平衡原理的：

$$\sum\left(\sum GDP_{n+1}\right)_x = \sum\left(\sum GMPP_{n+1}\right)_x + \sum IMPP_{n+1}$$

都会面临 $\sum\left(\sum GDP_{n+1}\right)_x <=> \sum\left(\sum GMPP_{n+1}\right)_x + \sum IMPP_{n+1}$ 的制约，所以，全球治理是无法或缺的。

有鉴于此，只要确保：

$$\sum IMPP_{n+1} = \sum\left(\sum GDP_{n+1} - \sum GMPP_{n+1}\right)_{\text{全球所有国家}}$$

能够实现，那么"全球双增长均衡型国际经济体系"就是可为的。

当然，治理不好的话，就会发生和存在如下两种情形之一：

$$\sum \text{IMPP}_{n+1} > \text{或} < \sum \left(\sum \text{GDP}_{n+1} - \sum \text{GMPP}_{n+1} \right) \text{全球所有国家}$$

即全球通缩和全球通胀的可能性。当然，治理失灵的可能性近乎为零。总之，除了创新和生产或贸易端出现另类问题之外，在国际储备货币领域所潜藏的所有问题均已获得根除。一个真正的非强权政治主导的公平化的"全球N+1统一锚货币体系"，在理论上已经蓄势待发了。

6.14 全球N+1统一锚货币型国际贸易体系

人类历史是一部货币史。从根源上讲，国际史仅只是人类货币史的延续与扩张。

虽然伴随欧洲三十年宗教战争结束的威斯特伐利亚和约所确立的主权型国际关系已经整整377年了，但其中所潜藏的诸多重大问题和困境一直相伴至今，其中不仅包括国际货币体系到底该如何摆脱或破解诸多困境的问题，同时也包括如何创建新型国际货币体系的问题。

历史上，自觉且有理性制度介入的国际货币体系，迄今为止已经有三个，分别是：

1. 国际实物锚储币体系（受国际实物锚收支平衡原理所制约）；
2. 国际主权锚储币体系（受国际双经济体增长平衡原理所制约）；
3. 国际互换锚储币体系（受国际互换货币结余平衡原理所制约）。

给定"全球N+1统一锚货币体系"，本书已经简略构建了人类社会迄今为止第四个国际货币体系：全球N+1统一锚储币体系（受统一锚统筹平衡原理所制约）。

就"国际统一锚储币体系"而言，由于其中涉及"全球N+1统一锚货币体系"，故有必要在此给予特别强调。

换言之，只要引入"国际统一锚储币体系"，它必定会引入"全球N+1统一锚货币体系"和所对应的"双增长均衡原理"。因此，有两个重大的系统工程需要处理：第一，如何完成向统一锚的转换；第二，如何完成从"N+0货币体系"向"全球N+1统一锚货币体系"的转型。如果成功，人类历史的新篇章将会以崭新的面貌呈现出来。

代币体制。

从此以降，人类的货币事业越走越偏，完全走入了死胡同。即，把载体物当作货币的价值来追求和实施治理。结果就是，整个人类为了追求获得本位金而展开竞争与较量。最终，西班牙帝国陨落了。荷兰帝国随后也陨落了。幸运的是，大英帝国凭借超越本位金的零和争夺，成功探索出了银行双轨货币原理的新体制，从而借助央行货币原理的倍增式扩张，最终站到了人类货币事业的新巅峰。

然而，在这个巅峰的脚下却潜藏着一个深不见底的FRS困境，一个令英格兰银行成也萧何、败也萧何的FRS困境。

只要实物锚代币体制的锚定物消失了或大规模减存，FRS困境就容易发酵。随着二战的爆发和演进，英国遭遇了生死存亡的艰难抉择，即使英格兰银行作为私营机构的缘起背景也无法保全其发行代币所需的储备金规模和二元有效性。至此，因FRS困境效应，英国在万般无奈之下不得不眼见世界金融中心从伦敦旁落于纽约华尔街[1]。

伴随金融中心的易位，1944年创建的布雷顿森林协定体系也开始生效。怎奈，美联储更加短视，居然让FRS困境效应在和平环境下重蹈覆辙，再次上演：1971年8月15日不得不在"尼克松冲击"下单边宣告布雷顿森林协定体系的解体。因为，受FRS困境的制约，此时的美联储已经被FRS困境硬生生地逼入了死角：

7.0 国际货币体系新论：全球 N+1 统一锚货币体系

人类经济，从根本上讲，从古到今都主要由货币所主导。

缺失货币，就不会有超越自然循环经济之增长型经济的可能。

然而，自5000年自发性货币诞生以降，货币始终处于不断成长和蜕变的迭代进程中。有怎样的货币生态体系，就会有怎样的增长型国民经济和与之遥相呼应的国际关系。

当外部性力量成熟并实施第三方整合时，原始货币，即实物货币被包装成穿衣戴帽的标准化货币，即原始货币+标准载体物。由此合二为一的整合化货币便被便捷性重构成"标准载体物货币"，即实物铸币。

由此可见，从实物铸币时代开始，人类的实物型原始货币就被改造成了二合一的载体物货币。这便是我们所熟悉的货币的所谓由来。怎奈，货币的进化过程被人类忽略了。真正的原始货币就是实物货币。

从载体物货币开始，货币就被制造了诸多瑕疵和困境在其中，故随着时代的进步，货币一直处于不断被改造和被重构的迭代进程中。

直到实物锚代币的诞生，货币才开始接近现代人类所熟知的状态，本位金作为价值部分，纸钞作为代币部分，构成了实物锚美元和美联储必将发生巨变的趋势已经势不可挡。

由美元所支撑的全球财富体系和世界增长型经济正面临史无前例的新挑战。

巨变首先来自于国际储币体系的转换：从国际主权锚储币体系向国际互换锚储币体系的临时转型和过渡。

美元霸权的困境主要体现为它需要服务两大经济体但潜藏失衡所带来的。

当美元服务的国际经济体之总和增长率大于美元服务的国内经济体之总和增长率时，巴菲特困境就会呈现和加速。

美元霸权的当前现实是，美国的净资产已经小于国际美元的净资产，即美国的所有权净资产已经为零为负。

这意味着，美国不再拥有美国了。

换言之，美元垄断国际储备货币已经将美国彻底出卖了。

人类需要彻底重构，重构货币、重构世界、重构新未来。

第七章

全球N+1统一锚货币体系

要么美国先于苏联解体，要么宣告布雷顿森林协定的解体。

然而，布雷顿森林协定解体后FRS困境不仅没有消失，反而蝶变成了NRS困境，一个远比FRS困境更可怕的困境：迫使人类货币从此由实物锚代币体制转为了"债务锚代币体制"项下的"债务型代币体制"[2]。

无疑，"债务锚代币体制"带来了新的便利和进步，但同时也正式带来了"货币黑洞锚困境"的更大危局。

无论如何，自1971年起，人类就在原有实物锚代币的错误认知轨道上越走越远，居然走上了"债务型代币"这种错误倍增的轨道上。不仅美元霸权体系深陷其中，事实上全世界所有国家的主权货币也都同命相连，一同陷入其中。有鉴于此，人类需要一场货币学的巨变革命，才能在彻底拯救美元霸权的同时，也拯救各国自身的货币体系。这注定是一场必将颠覆人类5000年认知的最彻底革命。

7.1 全球N+0主权货币体系

1971年8月15日布雷顿森林协定体系解体带给人类的新现实就是，人类社会步入了"全球N+0主权锚货币时代"，即除了国家主权货币之外，世界上不再有任何其他形态的货币了。在此之前，世界上存在着各式各样、形态迥异的实物锚代币体系。

这将是一场自实物货币以自发性方式诞生以降，人类历史上最大规模的财富根基型巨变。没有之一，只有唯一。

在全球 N+0 主权货币体系项下，货币的边界只剩主权代币了，实物锚代币时代的二合一结构消失了。任何主权货币都不再由实物锚作价值支撑了。至此，货币的全部内容仅剩"代币"本身了。代币之所以被称为"代币"，是因为它本身并不是价值或购买力的体现，无法承担这种重任。故，现行中央银行体制下的基础货币仅只是代币而已。

这种事实表明，若继续机械式套用"国际收支平衡"的概念来约束"全球 N+0 主权货币体系"的话，要么是无解的，要么是毫无意义的。毕竟，此时各国主权货币所对应的价值锚已经消失了。

有鉴于此，"全球 N+0 主权货币时代"既可谓货币价值锚消失的时代，也可谓是货币价值锚需要重构的时代。

那么，如何重构人类货币自起源以降载体型货币的价值呢？

根据广义货币经济学原理，凡货币，一律从物物交换的交换剩余中获得起源。故，载体型货币的价值便是由使用其所产生的交换剩余之积累及其加权函数所构成。换言之，货币自身的内生价值既与承载它的载体物无关，也与发行所依赖的债务无关。这便是人类货币事业需要整体转向的货币学新方向。

7.2 全球双增长均衡可持续经济

只要让货币内生价值回归正途，依据广义交换原理及其广义价格原理，包括广义货币原理，任何交换都不再是"相等型交换"了，而是转变为九种可能性均在其中的"广义化 Core 型交换"了。

给定如此，我们才可以有效解释自然经济、自给自足经济、物物交换经济和货币型交换经济之间的重大不同，也才能由此给出增长型经济背后的"增长原理"之所在。

换言之，任何增长型经济都必定得是"双增长经济"，既有生产的产出增长，同时还必须得有货币总量和货币增量的同步增长。否则，可持续型增长经济是不可能的。

如果每个国家都能够奉行"双增长经济"的话，"国际主权锚储币体系"就将无法与之兼容。因为，国际贸易逆差型储备货币虽然也服务国际经济体，但其货币的所有权属性却系主权排他且零和排他的。

如此，必然与全球双增长均衡可持续经济之间相冲突。有鉴于此，我们证明了"国际主权锚储币体系"是人类历史进程中的过渡型体系，是不具有可持续性基础的。

给定如此，我们进一步阐述了"国际互换锚储币体系"对"国际主权锚储币体系"的可替代和可兼容性之后的更大增量发展空间。

换言之，只要货币内生价值回归正常，双增长经济就是最优均衡的增长型经济。从此，有效需求不足或购买力不足的问题就会从传统西方经济学分析范式的原理系统中消失殆尽。从此，人类社会将开启以货币原理为第一资源配置原理的新型经济社会，并会取得共赢繁荣的丰盛硕果。人类的文明方式也将由此迈向新征程。

7.3 全球N+1统一锚货币体系

给定全球双增长均衡可持续经济，那么，各国之间又将如何开展国际贸易、国际资本和国际投资呢？

既然"国际主权锚储币体系"和"国际互换锚储币体系"已被证明均潜藏有困境和可解体的条件在其中，那么存在能够与"全球双增长均衡可持续经济"相匹配的国际储币体系吗？

答案便是"全球N+1统一锚货币体系"，即在全部由国家主权货币构成的"全球N+0主权货币体系"之外首先引入一个新的货币维度，一个超越主权货币的"全球独立货币"。为此，我们特将其整体统称为"全球N+1统一锚货币体系"[3]。

给定"全球N+1统一锚货币体系"，其中的"1"代表"全球独立货币"。不仅如此，该独立货币的内生价值属性与国家主权货币之间在原理上完全相同且一致,所以具备与世界各国主权货币之间的通约性。

这样一来,"全球 N+1 统一锚货币体系"便是与全球双增长均衡可持续经济之间彼此高度融合的了。

关键是,上述国家经济体和国际经济体彼此融合的新体制意味着,零困境的可持续基础终于浮出水面了,终于露出了自己的庐山真面目。自马尔萨斯的旧人口论以降,经罗马俱乐部《增长的极限》报告,有关人类社会经济增长的终极问题,终于尘埃落地,可以告一段落了。

毕竟,只要步入"全球 N+1 统一锚货币体系"和全球双增长均衡可持续经济的新时代,人类社会中的诸多传统困境,如贫富分化困境、中等陷阱困境、有效需求不足困境、产能过剩困境、生产力过剩困境等就都会随之获得大幅度的缓解和化解,最终被彻底根除掉。

7.4 全球独立货币的构建原理

毫无疑问,这是一个令当代社会和经济学界不易立刻理解的立论。但是,只要明白了货币的内生价值系源自于交换剩余,关于设立全球独立货币的建构原理就会水到渠成、很容易理解。

换言之,在当今时代,世界各国顺差总积累之有效购买力所对应的标的物就都是构建"全球独立货币"的物质基础。只需将其充当货币的载体物置换成超主权的"全球独立货币"之载体物即可。

整个载体物置换原理和实操过程，均在《全球独立货币——全球N+1统一锚货币体系》项下已经给出了。

毋庸置疑，所有逆差货币都背负着赎回权购买力的国家债务属性，而且当逆差型货币从良币演变为劣币之后，只要赋予"全球独立货币"置换型背书，便可立刻形成有效的购买力和劣币制衡。

换言之，不是只有美元能够像米兰在重构计划中所畅想的那样，可以对冲其恶意实施的进口关税（"巴米税"）；相反，整个世界也都可以借助同样的原理来制衡美元霸权的劣质化进程和米兰梦想。

毫无疑问，创建"全球独立货币"是一个全球开放型的多边机制，创始发起国必须具备净顺差条件。在此基础上，无论是一个国家先行发起，还是两个国家或三个国家或多个国家共同发起，"全球独立货币"均系以顺差货币为基础，进行置换而初始形成。[4]

一旦完成初始置换，"全球独立货币"的购买力必定比原有主权锚储备货币的购买力会更加有效和坚挺而不会弱于它。如此一来就会形成两种储备货币之间的市场竞争。由此，一场全球独立良币和美元储备劣币之间的竞争就会在全球混合博弈的巨变中结出正义的硕果。

7.5 西方经济学的范式革命：广义货币经济学原理

美元霸权的绝唱是西方经济学失灵、失效和失败所直接造成的。迄今为止的西方经济学均无法将货币非中性理论融入到自己的分析范式中，导致它们在美元霸权面临绝境的断崖时刻也无能为力。

美国已经黔驴技穷，气数耗尽。看看米兰在《重构全球贸易体制：使用者手册》中的论述理据和方法，包括2003年巴菲特在《财富》杂志上发表文章的论述方式，均可为读者一目了然地揭示出，即西方经济学已经消失。有的，仅只是美国投资界的心得感言罢了。

拯救美元霸权困局所带来的乱象根源首先在于，美国政策界的主张已经杂乱无章，已经丧失了必要的系统性构建。仅凭2018年开始操弄进口关税，再经疫情过后美联储于2022年开始加息对冲关税的负效应这等成功经验就想重温旧梦，实属美国的无奈之举。毕竟，这等操作即便可以成功一时，还能成功一世吗？

一个缺失经济学理论和货币学理论作支撑的"投资人设想"，就敢冲锋在拯救美元霸权的第一线。想想看，这是否是西方经济学的无限悲哀呢？躲藏到校园里的经济学，早已不敢问津喧嚣的世界了。

明明货币在配置资源和驱动经济增长潜力方面发挥着世界第一的作用，可西方经济学却大言不惭地瞪着眼睛说瞎话，居然还敢大言不惭地坚持说：市场的供需价格机制才是资源配置的真正决定者。

这种自决于事实、自决于时代、自决于历史方向的三盲者，除了在校园里继续苟延残喘之外，很难见到它们还勇于面对当今的现实了。怎奈，今日的现实早已是货币化的现实了，随处可见的困境都与货币密切相关。关键是，美国、美联储和美元霸权急于从主导地位出发去拼死捍卫已经拥有但正在失去的国际储备货币垄断权。

所有这些都是西方经济学失败造成的，是西方经济学囫囵吞枣，在完全没能搞明白什么是货币或货币到底是如何起源的问题之前，就匆忙上阵所造成的。本来，这也无可厚非。但问题是，为了生存自保，为了自身知识共同体的切身利益，西方经济学只好坚守哪怕已经落后、哪怕明知问题多多，也不得不坚守的阵地，否则，整体就出局了。

毋庸置疑，美元霸权的巨变必定是盘根错节的巨变。不仅美债会发生巨变，就连美联储的央行体制本身也将不得不发生同步的巨变，包括但不限于债务锚巨变、NRS困境（由英式央行承传下来的FRS困境演变而来）和新增货币增量之增长机制到底在哪里的巨变。

总之，这些都是西方经济学已经无能为力的了。但从债务锚货币到交换剩余锚货币的巨变，是与交换经济学密不可分的巨变。

不能直接参与到货币锚巨变的伟大历史进程中，西方经济学最终还能做些什么，实属不言而喻了。说出来必显尴尬，也不文雅。

公开资料表明，2025年6月美国会有6.5万亿美债到期。是否如约偿还？还是重蹈布雷顿森林协定于1971年8月15日违约的覆辙，将是美元霸权巨变的揭幕式。如果说美联储不以QE方式下场救市，美债违约必成定局。由此，美国联邦政府和美联储联手预谋鲸吞世界的重构计划，就极有可能亮剑出鞘，直逼世界。

当然，美元霸权实施最大化博弈的努力值得钦佩，但国际主权锚储币体系的总边界已经清晰无比，可助强权梦想的博弈所得有限。如此，美国内部必定会分裂出至少两个以上的阵营，因为赌注式成功的后果及受益人会与赌局中的当事者之间存在明显的"代际纷争"。世界已在巨变中长袖起舞。追求零和最大化的美西结局，已经式微注定。唯在增量最大化的全球对垒中，历史将会分出代表世界明天的胜与负。

参考文献与注释

自　序

［1］给定"储币税原理"，便无须借"关税对冲储币升值"也能实现巴菲特和米兰的梦想。效果等价。但，储币税系直接向储币使用国征收。

［2］"储币税原理"有两种表现形式：朝贡型储币税和救助型储币税。

［3］即，不存在一成不变的"国际收支平衡原理"和"国际收支平衡体制"。不同的国际货币型贸易体系对应不同的"平衡原理"和"平衡体制"。

［4］"国际实物锚收支平衡原理"，迄今为止，西方经济学一直人云亦云地在说"国际收支平衡"，但是从未讲清楚，到底在平衡什么呢？或存在"国际收支平衡原理"吗？

［5］"国际兑换锚储币体系"，继国际实物锚储币体系之后的第二个国际储币体系。

［6］"国际兑换锚收支平衡原理"，这是一个可以确保布雷顿森林协定体系不必遭遇解体的制度原理和可实施的制度安排。

［7］"国际主权锚储币体系"，继国际实物锚储币体系后第三个国际储币体系。

［8］"国际互换锚储币体系"，继国际实物锚储币体系后第四个国际储币体系。

［9］"国际统一锚储币体系"，继国际实物锚储币体系后第五个国际储币体系。

导　言

［1］〔美〕沃伦·巴菲特：《美国不断增长的贸易赤字正在削弱我们的国

家，兼一个解决问题的方法，我们需要立即采取行动》(本书中简称为《破解贸易赤字背后国家危机之道》)，《财富》杂志，2003年。

［2］〔美〕罗伯特·特里芬：《黄金与美元危机》，陈尚霖、雷达译，商务印书馆2023年版。

［3］在此议题上，还应包括与罗伯特·特里芬的对话。

［4］马国书：《广义货币经济学原理》，即将出版。

第一章

［1］易货贸易恒定平衡原理，此乃国际贸易的第一原理。

［2］到底比较什么会形成国际贸易的顺差、逆差和平衡呢？

［3］货币在国际贸易中到底扮演着怎样的特殊角色呢？

［4］马国书：《广义货币经济学》，即将出版。

［5］即，世界上任何国家的主权锚货币要想成为国际结算货币或储币货币的话，其实现路径只能走"劣币之路"，而绝不可能通过多边共识而取得。

［6］"巴菲特恐慌时刻"的提法是否妥当虽可商榷，但就其存在性而言则确定无疑。虽然巴菲特表达了对自己国家创新能力和克服困境能力的坚定信念，但此困境机制是客观存在且有违人类社会基本运行准则的。

［7］"高估"之说纯粹是投资界语言。

［8］这个问题是西方经济学完全预判不到的货币增量之根源问题，米兰完全没能预判到这种情形的对应机制和经济学原理。

［9］一言以蔽之，美元锚债和美元债虽然都是美债，但泾渭分明。该原理的发现和揭示，远比百年债券或永续债券，更有益于破解当前央行体制自FRS困境以降的"货币锚黑洞困境"。

第二章

［1］巴菲特税，特指巴菲特在2003年发表在《财富》杂志上的文章中所提及和论述的"Tariffs"。

［2］地理大发现后西班牙曾经有过的辉煌案例虽不精准，但核心逻辑已经存在。

［3］当然，在《重构全球贸易体制：使用者手册》里，米兰并没能分析出，哪怕涉及美国所得逆差的三层结构问题。

［4］"货币增量权原理"，一个极其重要的原理。

［5］正因为货币增量权原理的存在，储备货币和本国货币的购买力一直在相互调整之中。换言之，货币之间的互换是完全可行的。

［6］这便是米兰认为美元被高估的核心根源之所在。

［7］必须指出，"储本币互换的广义货币学原理"并不必然意味着，任何两个国家之间的主权货币也都具有这种互换基础和原理支撑。

［8］"储币税原理"的初始定义：直接向赋税主体征收储币税的跨国税制。

［9］相反，因被征收储币税而必然导致低端贸易产业被淘汰，同时中高端贸易产业的升级改造如果能够进一步有效提升，人民币的整体购买力不仅不会被人为降低，反而会因祸得福，变得越来越强——前提是必须有效提升产业和产品的竞争力（这是对冲储币税的有效方略）。

［10］整个设计漏洞明显。因为，被征收储币税的国家如果不配合，也是完全可以实施反博弈策略的，进而将美国的储币对冲策略之效果再行对冲掉。

［11］且依赖出口国给予积极的有效配合方能生效，否则，即使可行，其效果也是可以被对冲掉的。

［12］此操作完全依赖于对货币所辖整体购买力之间的有效转移才能实现，而不可能通过货币私占购买力获得实现。但此操作严格受广义货币经济学原理所制约。

[13] 对于这一假定，我们无法获知米兰的真实意图：是他真的这样认为或主张呢？还是他在此故意借左右而言它呢？亦或有什么其他的企图呢？总之，这个跨越是缺乏逻辑基础的，是令人细思极恐的。

[14] 美元区区内税，包含美国国内税和国际储币税两部分。

[15] 包含了中央银行税收和商业银行税收两部分。

[16] 因国内税的英文为Tax；铸币税的英文为"seigniorage"；关税的英文为"Tariffs"，故，"储币税"的英文可确定为"Anchority"。

第三章

[1] 在实物锚货币体系之外，如果任何两个国家之间想要开展国际贸易的话，该使用哪国货币的议题，是一个相对复杂的议题。如果A国的货币集合除和B国的货币集合之间拥有交集之外，余集部分又远大于B国之所剩余集部分（无交集部分）的话，那么，使用A国的货币是更加有利于双方的。

[2] 倘若美联储创建时本着私营机构原理来抗衡美国联邦政府的举措被证明是有效的话，那么顺差美元亦拥有同等的理由和地位可以反制美联储。对此，美联储可以先行设立研究团队加快研究。

[3] 此时的美国完全可以依托黄金本位，将其借与欧洲诸国，等他们有了再归还。如此，美国就可以一劳永逸享受实物锚代币体制的垄断地位了。如此，历史真的有可能被终结。

[4] 该困境潜藏了今日美联储的核心困境。

[5] "双超约束"背后的原理深刻且广泛，需设专题展开论述。

[6] 马国书：《广义货币经济学原理》，即将出版。

[7] 美元国债中的一部分扮演着实物锚解体后的"替代锚"之功能，即"美债锚"。

[8] 该议题有待进一步展开与完善。

[9]借机，每个国家都拥有了双货币锚经济。

[10]"巴米税"一旦成功就非常容易转化为储币税。

第四章

[1]在$\sum USD(DPyear)_{n+1}$中，DPyear表示国内经济增长所创造的年度利润总额（其中，D表示domestic，P表示profits），n+1表示给定初始考察期之后的第一个考察期间的年度总数量，USD表示美元。

[2]在$\sum USD(IPyear)_{n+1}$中，IPyear表示国际经济增长所创造的年度利润总额（其中，I表示international，P表示profits），n+1表示给定初始考察期之后的第一个考察期间的年度总数量，USD表示美元。

[3]当前关税战中实施的10%无差别关税，便是这种目标和企图的具体例证。

[4]巴菲特设计思想的灵魂是收益再平衡机制。

[5]人类对广义货币经济学所阐述的"货币介入型经济"的认知被严重遮挡在了西方经济学远离真实世界的模型体系之中。

[6]即使费雪健在也会如此，无法跳出货币数量论的泥潭。

[7]这是远比国际贸易逆差和国际资本逆差还要深层次的逆差根源和机制。

[8]双经济体之间存在顺差、平衡和逆差关系和情形的分析，至关重要。

[9]在双经济体中实施有效估值的经济学原理。

[10]货币化经济估值的原理便是货币锚统一。

[11]〔美〕罗伯特·特里芬：《黄金与美元危机》，陈尚霖、雷达译，商务印书馆2023年版。

[12]这为二战后欧洲经济的快速复苏，乃至全球经济的快速复苏都打了一针无法替代的强心剂。

［13］它是明显有违良币驱逐劣币原理和双增长原理的，故是不可持续的。

［14］这是二战后欧洲成员国经济运行的主要方式。

［15］这段历史一定可以获得实证。

［16］广义特里芬困境，国际储备货币的通货膨胀原理。

［17］这是包括巴菲特在内的美国精英都特别看重的硬核支点。

［18］储币税有两种形式：朝贡型储币税和救助型储币税（后续专题阐述）。

［19］即"全球N+1统一锚货币体系"项下的"1"之全球独立货币。

［20］"储币税原理"本身是中性的，如果成为"朝贡型储币税"则是单边主义的成果，而如果被国际社会所使用，成为"救助型储币税"，则它就是多边主义取得胜利的成果。

第五章

［1］该问题标志着国际储币学的缘起。

［2］ΣM（P、C、A）表示实物货币、实物铸币、实物锚代币通用，分别表示 Physical Money，Coin Money，Anchored Money.

［3］国际收支双平衡原理，此原理的揭示至关重要。

［4］世界经济的第一增长定律：此定律对于理解储备货币的功效至关重要。

［5］世界经济的第二增长定律：同上。

［6］世界经济的第三增长定律：同上。

［7］世界经济的第四增长定律：同上。

［8］世界经济的第五增长定律：同上。

［9］世界经济的第六增长定律：同上。

［10］世界经济的第七增长定律：同上。

［11］世界经济的无限增长定律：此定律告知我们，世界经济增长的货币端局限在哪里。

［12］"全球储币学原理"的第二个基石问题：明白了这个问题的存在，便明白了美元霸权所潜藏的关键问题之所在。

［13］结余税原理：必须对结余给予课税治理的税制安排。

［14］购买力平价理论包含绝对购买力平价理论和相对购买力平价理论。

［15］此过程是广义货币学极为重要的理论组成部分。

［16］载体化货币论，即所有无法说清货币价值为何物的货币论，可统统划归为载体化货币论。

［17］马国书：《广义货币经济学原理》，即将出版。

［18］货币锚或货币之本位币的统一，在货币学领域的意义极其重大。

第六章

［1］此判断并无证据，有待进一步考证。

［2］这在1844年的《皮儿条例》里就是明文规定，是被允许的。

［3］换言之，美元的私占权和私占购买力并非由美联储操控。

［4］此项国债意义深远，篇幅巨大，不在此展开。

［5］进而巧妙地破掉米兰的重构计划。

［6］这种人民币-美元之双币夹层债，将能确保中美双赢。

［7］等效于美国购买了市场上认可的"人民币计价的中债"，去延期偿还已到期的美债。中国帮美国延缓美债的到期期限，为偿还到期美债赢得时间。如果再到期，再无法偿还的话，就必须接受美元霸权的整体转型。

第七章

［1］与此同时，即1946年伴随FRS困境效应的发作，英格兰银行也被国有

化了。

［2］之所以是"债务锚代币体制"或"债务型代币体制",其核心根源就在于,毕竟代币本身是毫无价值的,或根本无法充当货币的"价值"功能。故,必定有其他机制充当着货币价值的功能。

［3］"全球N+1统一锚货币体系",将在《全球独立货币——全球N+1统一锚货币体系》中给予详论,即将出版。

［4］"全球独立货币"的初始过程可以持续很久,直至主权锚储币完全退出为止。关键是,实施"全球独立货币"可以真正有效确保"美国工业化的绝对崛起"。